El Pelotero Agresivo

con un corazón noble

Félix Millán
con
Jane Allen Quevedo

World rights reserved. This book or any portion thereof may not be copied or reproduced in any form or manner whatever, except as provided by law, without the written permission of the publisher, except by a reviewer who may quote brief passages in a review.

This book is sold with the understanding that the publisher is not engaged in giving spiritual, legal, medical, or other professional advice. If authoritative advice is needed, the reader should seek the counsel of a competent professional.

Copyright © 2013 ASPECT Books
ISBN-13: 978-1-4796-0155-4 (Paperback)
Library of Congress Control Number: 2013910105

Published by

Dedicatoria

Mercy
Mi esposa de más de cincuenta años

Bernie y Femerlie
Mis hijos

Mercedita y Vilmarie
Hijos de mi corazón

Mis nietos
Jernie Rebeka
Victor
Elismarie
Maureen
Femerlix Alexandra
J-lex

"Oh hombre, él te ha declarado qué sea lo bueno, y qué pida de ti Jehová: solamente hacer juicio, y amar misericordia, y humillarte para andar con tu Dios".

Miqueas 6:8

La Santa Biblia

Contenidos

Prefacio 7

Introducción 11

1 Los Sueños de Papi 14

2 Pies Descalzos y Béisbol 18

3 Por el Amor de Mercy 27

4 Ligas Menores 34

5 Comienzo con los Bravos 39

6 Años con los Bravos 44

7 Latino Orgulloso 52

8 Con los Mets 58

9 Tiempos Difíciles 64

10 Hombre de Familia 70

11 Bendecido en Japón 75

12 Todavía en el Juego 83

13 El Equipo Ganador 89

Fotografías 95

Referencias 102

Indice... 105

Prefacio

LOS FANÁTICOS DEL BÉISBOL PODÍAN APOSTAR su Cracker Jack a que el jugador de segunda base Félix Millán batearía un hit fuera su turno al bate en los 1960s y 1970s. Durante sus doce años de carrera con los Bravos de Atlanta y los Mets de Nueva York, tuvo menos de 250 ponchetes en casi 5,800 apariciones en el plato. Mantuvo el récord de la persona más difícil para ponchar en la Liga Nacional por cuatro años, y hasta 2012, todavía mantiene el récord con menos ponchetes en una sola temporada con los Bravos.

Otro detalle que los fanáticos recuerdan sobre Félix es la manera graciosa en la que agarraba el bate. Tenía un agarre tan corto que parecía que se iba a golpear en el estómago al batear. Eso no generó muchos jonrones, pero le ayudó a convertirse en un segundo bateador que constantemente hacía avanzar a los corredores a las bases delante de él. Félix brindó a sus compañeros de equipo una razón para que confíen en su bateo seguro, su rápida acción en segunda base y su inquebrantable dedicación al juego que amaba. Este puertorriqueño marcó una gran diferencia en todos los lugares donde jugó, ya sea en las calles de su caribeña tierra natal, o en su camino por la Serie Mundial con los Mets en 1973.

Hoy, treinta y cinco años después de su último juego en las ligas mayores en 1977, ciertos analistas consideran a Félix el mejor segunda base que alguna vez jugara para los Bravos y entre los mejores de los Mets. (Ver Referencias). A la misma vez, los fanáticos lo recuerdan como un jugador humilde y simpático, que se quedaba después de los partidos firmando autógrafos hasta que se fuera el último niño.

Cuando un amigo me presentó a Félix en 2010, me simpatizó de inmediato. Aunque me pareció un tanto tímido al principio, se veía como alguien genuinamente cordial y enseguida empezó a contar historias de sus días de jugador. Cuando recibí la oportunidad de ayudar a escribir su historia, me pareció que podía ser divertido. Ciertamente, no se parecería en nada a los proyectos que había realizado antes. Y por un par de motivos importantes, sería además uno de los más desafiantes.

Si bien Félix habla inglés, sabía que iban a presentarse situaciones en las que se expresara mejor en su propio idioma. Lamentablemente, mi español es bastante limitado, al igual que mi conocimiento de béisbol. Entonces, ¿qué me hizo creer que podría escribir un libro sobre un jugador puertorriqueño de la Liga Mayor de Béisbol? Aquí es donde mi marido entra en escena.

Carlos es puertorriqueño, y fanático de béisbol desde hace mucho tiempo. Tenía doce años cuando Hiram Bithorn ingresó a los Cachorros de Chicago, en 1942, el primer jugador de la isla en llegar a las grandes ligas. También recuerda el año siguiente, cuando Luis Olmo se puso el uniforme de los Dodgers de Brooklyn por primera vez. Carlos fue un fiel fanático de los Dodgers por muchos años.

Hace tiempo, Carlos me llevó al Escambrón de San Juan, donde nos paramos fuera del Parque Sixto Escobar, y espiamos por un hueco en la cerca como si fuéramos un par de niños a la espera una bola en territorio malo hacia nosotros. Este era el lugar favorito de Carlos durante la temporada de invierno de béisbol cuando era niño. Por un dólar, tomaba un autobús desde su casa en St. Just, llegaba al parque en San Juan justo a tiempo para el partido de la mañana, tomaba un autobús hasta Santurce para ir a almorzar con su abuela, luego volvía en autobús hasta el parque para el partido de la tarde, y tenía cambio suficiente para la tarifa de retorno a St. Just al final del día.

El amor de Carlos por el deporte sólo creció con los años. Yo me enorgullezco de que es una enciclopedia de béisbol andante. Él es el fanático. Yo soy la narradora. Pero, ¿podríamos trabajar en un libro juntos? Yo sabía con certeza que no podía hacerlo sin él.

Cuando nos sentamos para nuestra primera entrevista con Félix y su esposa, Mercy, observé y escuché mientras Carlos y Félix recordaban cómo solían ser las cosas en Puerto Rico. Aunque hay una diferencia de edad de más de una década entre ellos, compartieron experiencias similares al crecer en la isla, así como su amor por el béisbol. Si bien iba a tener que escribir sobre béisbol, lo que me atrajo en un principio fueron los eventos y circunstancias que formaron la juventud de Félix. Poco a poco, comenzaron a aparecer esas historias, a veces relatadas en inglés, y otras veces en español.

Él me contó sobre la timidez que lo caracterizaba en su niñez, sobre sus padres, arduos trabajadores, y sus sueños para sus hijos, sobre sus maestros más tolerantes, y sobre los "ángeles" que lo guiaron a lo largo del camino. Había una historia de amor, también, así como un viaje espiritual. Lo que encontré, por supuesto, fueron historias de béisbol entretejidas en cualquier otra historia, su primer guante, el uniforme de Gold Medal®, su paso por las ligas mayores, las personas que lo ayudaron a llegar allí, los desafíos y logros que enfrentó y algunas lecciones que aprendió en el trayecto.

A principios de 2011, Carlos y yo viajamos a Yabucoa, ubicada en el extremo sudeste de Puerto Rico para ver donde creció Félix entre los 1940s y 1950s. Nos llevó a sus casas de la infancia, escuelas y al parque donde jugaba de adolescente. Nos detuvimos en el molino de azúcar donde trabajaba su padre en los días en que el azúcar era el rey de Puerto Rico, y en la panadería donde compraba pan para sus hijos en los días de paga. También visitamos el nuevo estadio de béisbol en Yabucoa. Allí sorprendimos al alcalde y algunos asistentes que estaban haciendo planes para el inminente evento, la ceremonia oficial para dar nombre al Estadio Félix Millán.

Reunir las historias de Félix resultó ser incluso más divertido de lo que esperaba. Vi muchos partidos de béisbol, leí libros que de otra forma nunca hubiera leído y busqué sitios en Internet que ni sabía que existían. Me vi expuesta a vocabulario, música, eventos, nombres, lugares, culturas e historia que no sólo expandieron mi conocimiento, sino que también enriquecieron mi vida y me atrevo a decir, la cambiaron.

No está todo aquí, por supuesto. El tiempo juega con nuestra memoria. Posiblemente falten algunos detalles interesantes o estén resumidos de manera tan diferente a cómo en realidad ocurrieron. Además, Félix detesta leer. Él quería un libro corto. Si bien los puntos más destacados de su carrera están aquí, no me disculpo por la escasez de estadísticas, análisis y recuentos detallados de los partidos. Es fácil encontrar todo eso en otro sitio.

    Mi intención es ofrecer a los lectores historias que no aparecen en las estadísticas de béisbol o en viejos recortes de diarios. Por supuesto, estas páginas también debían relacionarse con el béisbol. Esa fue su pasión y su carrera. Pero es evidente que hay mucho más sobre Félix Millán que dobles jugadas, bases imparables y promedios de bateo. Este es un libro sobre un tiempo y un lugar y las personas que ayudaron a formar el carácter de un niño tímido que se atrevió a soñar en grande y creció para ver sus sueños convertirse en realidad.

—Jane Allen Quevedo

Introducción

SUPE QUE ALGO ESTABA MAL en el otoño de 2011 cuando mi esposo no tenía energía para levantarse de la cama antes de las diez y media u once de la mañana. Habíamos vuelto de Italia, donde Félix trabajó por un mes para la Liga Mayor de Béisbol. Mientras estuvimos allá se sintió bien. Pero apenas unas semanas después de haber vuelto, lo único que quería hacer era dormir hasta tarde y sentarse en algún lado de la casa. Esto no era típico de Félix.

Desde que lo conozco, siempre se cuidó bien. Hace ejercicio, no tiene problemas con el peso, sigue una dieta saludable y no abusa de su cuerpo con alcohol, tabaco o drogas. Cuando le sugerí que consultara a un médico, pensó que estaba exagerando. Sin embargo, sabía por experiencia propia que sus súbitos episodios de letargo y de dormir hasta tarde no eran algo para ignorar. Le insistí hasta que al fin aceptó consultar al médico.

El examen físico de rutina no reveló ningún problema. Afortunadamente, su médico sugirió otros análisis para asegurarse de no haber pasado por alto algo grave. Para resumir, a los pocos días, Félix estaba internado en el Centro Cardiovascular de Puerto Rico y el Caribe, en San Juan, atendido por el Dr. José Rodriguez-Vega, el mismo cardiólogo que me operó del corazón en 2008. En nuestros peores sueños, nunca esperamos volver al hospital de esta manera.

A pesar de que el médico dijo que Félix aparentaba ser la imagen de la salud, ordenó varios análisis para descartar cualquier problema inadvertido. Después de cinco días de análisis, tenía todos los datos necesarios para darnos un informe y hacernos afrontar una decisión seria. En efecto, había una obstrucción, la cual tarde o temprano requeriría cirugía. Félix me miró como preguntándome qué debía hacer.

"Mercy no puede tomar esta decisión por ti, Félix", le dijo el médico.

"Debe ser tu decisión".

Naturalmente, mientras Félix se hacía los análisis, nos comunicamos con nuestros hijos todos los días. Estaban muy preocupados. Las niñas, Femerlie y Mercedita, que viven en Puerto Rico, estaban pendientes como gallinas con sus polluelos. Y hablábamos por teléfono por lo menos una vez al día con nuestro hijo Bernie en Florida.

Cuando mi esposo decidió no retrasar la cirugía, Femerlie y Mercedita llamaron a todos los conocidos en Florida y Puerto Rico, para pedirles que oren por su papi y por el cirujano. No sé cuántas personas oraron por Félix, pero estábamos muy agradecidos con cada una de ellas.

Bernie estaba listo para subirse al primer vuelo a San Juan, pero le dijimos que no lo hiciera. Recordé cómo Félix se había comportado con respecto a mi cirugía y sabía que nuestro hijo sería igual. Como su padre, Bernie es muy fuerte físicamente. Pero es tan sensible y emotivo que sabía que no pararía de llorar durante esas inquietantes horas que me esperaban. Ya tenía suficientes cosas en mi mente, lo último que necesitaba era añadir el estrés que seguramente causaría Bernie. Imaginé que entendería.

Antes de la cirugía, Félix y yo pasamos un tiempo a solas y oramos juntos como lo habíamos hecho tantas veces en nuestro matrimonio. Nos esforzamos por ser fuertes el uno para el otro, pero por supuesto, estábamos asustados. Después de todo, era una cirugía a corazón abierto y conocíamos los riesgos. Félix se puso en manos de Dios y pedimos a las manos del cielo que guiaran al Dr. Rodriguez-Vega durante el delicado procedimiento.

Detrás de mis sonrisas y besos, mi corazón estaba oprimido mientras veía cómo se llevaban a mi marido en la camilla hacia la sala de operaciones. Sabiendo que la cirugía podría demorar varias horas, me preparé para una larga espera. Mis hijas hicieron su mejor esfuerzo para ser fuertes, recordándome una y otra vez que cientos de amigos y familiares oraban por nosotros.

Félix y yo habíamos vivido muchas cosas en los cincuenta años que llevábamos juntos. Cuando nos conocimos, era un joven soldado solitario con grandes ideas, y yo hice lo posible por ayudarle a hacer realidad sus sueños. No sé cuántas veces le lancé bolas para que practicara con el bate, o lo alenté desde las gradas cuando hacía un doble jugada increíble. Ni llevé la cuenta de todas las horas de espera mientras firmaba autógrafos para los fanáticos. Hemos orado por niños, por padres agonizantes, por decisiones difíciles, por sanaciones, por fe. Tenía todos los motivos para creer que Dios nos iba a ayudar a superar esta crisis también.

Sin embargo, no esperaba que el Dr. Rodriguez-Vega apareciera en la sala de espera apenas noventa minutos después de que Félix ingresara en la sala de operaciones.

"¿Qué sucede?", pregunté.

"Todo está bien, Mercy, ya terminó y salió todo muy bien", dijo, y me abrazó para darme ánimo.

"Gracias a Dios", exclamé con un suspiro de alivio.

"Hice cerca de cinco mil cirugías a corazón abierto, Mercy, pero en ninguna salió todo tan bien como en esta", dijo.

"Oh, yo puedo decirte la razón", le respondí de inmediato.

Quizá el médico esperaba que elogiara sus habilidades quirúrgicas, porque cuando le dije que fue Jesús, me miró de manera condescendiente como si dijera: "¿Ah, sí?"

"Le digo, Doctor, las personas en Puerto Rico y Florida estuvieron rezando por usted", continué. "Sé que Jesús guio sus manos y es por eso que todo salió tan bien".

Al ver que nunca podría convencerme de lo contrario, finalmente admitió que tal vez tenía razón.

En las páginas siguientes, mi esposo comparte historias de su vida y su carrera. Fue una vida llena de bendiciones y yo fui bendecida al poder compartirla. Los fanáticos del béisbol disfrutarán revivir algunos de sus días más memorables con los Bravos de Atlanta o los Mets de Nueva York. Más allá del béisbol, los lectores conocerán de dónde viene, los valores que desarrolló desde que era un niño y algunos de los desafíos que enfrentó, así como también lecciones que aprendió en el camino. Me complace presentarles a mi esposo. Este es el Félix Millán que no conocían hasta ahora.

—Mercy Millán

1
Los Sueños de Papi

NO PODÍA ESPERAR a salir de clases. Guardaba la libreta dentro del escritorio y deslizaba el trasero sobre el suave banco de madera hasta poder estirar mi pie derecho para ponerlo en el pasillo angosto junto a mi asiento. Del otro lado del salón, veía a Lon y Ernesto preparándose también para nuestro gran escape, pero yo corría más rápido que ellos dos. Yo sería el primero en salir por la puerta y el primero en ver llegar el Jeep del oficial Huertas que venía por el camino.

El departamento de policía de Yabucoa financiaba nuestra liga y el oficial Huertas era el encargado de llevarnos a las prácticas y a los juegos. El Jeep que manejaba parecía un recuerdo de la Segunda Guerra Mundial. Alrededor de 10 niños nos apretábamos adentro, nos sentábamos tres a lo largo y dos o tres en el asiento de atrás y al menos dos más se acomodaban en el asiento delantero, junto a nuestro policía favorito. Era el mejor momento del día. Como pocas familias en el Valle de Yabucoa tenían automóviles en los 1950s, andar en Jeep era casi tan divertido como jugar béisbol para un equipo de niños de ocho y nueve años.

Noté de pronto que la clase se había quedado en silencio. Alejé los ojos por un momento de la puerta y miré al frente, directamente a los ojos de la Señorita Quiñones. Pude ver que iba a detener a toda la clase hasta que hubiera logrado llamar mi atención. Volví a sentarme derecho en la silla y le sonreí tímidamente, mostrando el estrecho espacio entre mis dientes. Aunque no vi que sus labios se movieran, estoy seguro de que me devolvió la sonrisa y un momento después, que pareció durar varios minutos, pronunció las palabras mágicas: "Pueden retirarse". ¡Era hora de jugar béisbol!

Por supuesto, yo ya había jugado pelota en mi barrio desde que pude tallar un bate de la rama de un árbol de guayaba. Sabía cómo fabricar una pelota firme, aunque un poco deforme, acumulando cordel y cinta adhesiva alrededor de una pelota más pequeña, quizás alguna tomada "prestada" del juego de jacks de alguna niña. Cuando conseguía lona gruesa, del tipo que se usa para cubrir los camiones de caña de azúcar, podía hacerme un guante bastante decente rellenándolo con periódicos. Pero en la liga, los policías se aseguraban de que los niños tuvieran guantes, pelotas y bates reales.

Tres de mis hermanos y yo éramos particularmente buenos jugadores y nadie se sentía más satisfecho que nuestro Papi. Como muchos padres en Puerto Rico, Víctor Millán soñaba con que uno de sus hijos fuera algún día un jugador de béisbol profesional. De niño, él había sido un buen jugador, un receptor. Aunque en algún momento hubiera pensado en tener una carrera en el béisbol, su estatura de un poco más de cinco pies era demasiado baja para considerarlo seriamente. Además, cuando comenzó a trabajar en el ingenio azucarero por un sueldo mínimo, esos sueños se desvanecieron.

Cuando Papi se casó con Anastasia Martínez, la familia comenzó a crecer de inmediato. Tuvieron once hijos en total, pero uno murió al nacer y otro murió muy pequeño. Nosotros nueve estábamos perfectamente escalonados cuando nos parábamos uno junto al otro: Víctor, Ramonita, yo (a mí me llamaban Nacho), Mercedes, Cecilio, Jesusa, Silverio, Domingo y Heriberto.

Todos los sueños que Papi tenía para sí mismo, gradualmente se convirtieron en sueños para nosotros. Sobre todo, él insistía con que termináramos el colegio; él no lo había hecho. Era un niño indisciplinado y de mal temperamento, odiaba el colegio y no obedecía a nadie, al punto de involucrarse en peleas de puños con su maestro. Después de pasar tres años en primer grado, renunció. Mis abuelos lo dejaron quedarse en casa, por eso, nunca aprendió a leer o a escribir. Mi madre, a quien afectuosamente le decíamos Mami, hacía todas las cosas del hogar que requerían leer o escribir.

Papi caminaba cinco millas hasta su trabajo en la planta azucarera Central Roig, al sudeste de la isla en la que vivíamos. La planta sólo ofrecía trabajo estable durante seis meses al año y con un salario de treinta y cinco centavos por hora, apenas ganaba lo suficiente para que toda la familia tuviera para comer. El ambiente de trabajo era caluroso y sucio, en especial cuando había que quemar el bagazo, la fibra dura que queda después de extraer el jugo dulce de la caña. Papi se encargaba de la caldera en la que se quemaba el bagazo.

Los viernes eran especiales siempre que yo tenía un juego de pelota, pero lo eran todavía más en época de cosecha, porque ese era el día de pago en la planta. Con el poco dinero que tenía en el bolsillo, Papi siempre pasaba por la Panadería Ortiz y por diez centavos nos compraba un regalo. Tan pronto como terminaba de jugar corría a casa para estar ahí antes de que Papi llegara del trabajo y lo esperaba en la puerta, esperando verlo doblar la esquina y caminar hacia la casa. Su cabello estaba cubierto de grandes escamas de ceniza, su piel brillaba de sudor y su cara estaba tan negra de hollín que apenas se lo reconocía. Traía en la mano nuestro regalo: una larga hogaza de pan con su corteza dorada todavía tibia del horno. Mami lo cortaba en partes iguales y se aseguraba de que todos tuviéramos un trozo.

Uno de mis recuerdos favoritos de la infancia es escuchar a Papi tocar el güiro, un instrumento de percusión que tallaba con la cáscara de una jícara hueca. Buscaba música que le gustara en la radio, preferentemente canciones folklóricas de Puerto Rico que contaran historias sobre la isla y su gente. Raspaba el güiro con un palillo al que le ataba una hilera de delgados dientes de alambre. Eso producía un sonido de raspado y le agregaba un contratiempo a las canciones latinas. Papi era muy bueno con el güiro, de hecho, una vez compitió entre los mejores intérpretes de Puerto Rico. Mi hermano Cecilio también tenía talento para tocar el güiro. A veces nosotros bailábamos cuando Papi tocaba. Movíamos nuestros cuerpos trigueños como trompos al compás de los ritmos latinos.

Éramos tan pobres como cualquier familia que vivía de la caña de azúcar en Puerto Rico entre los 1940s y 1950s, pero éramos felices, todos viviendo juntos bajo el techo de nuestra pequeña casa sin electricidad. Esa era la única vida que yo conocía. Supongo que por eso me sorprendí el día en que Papi me envió a Juan Martín para vivir con mis abuelos. Yo tenía diez años y me dijo que ya era lo suficientemente grande para ayudar con las tareas y que sería una buena compañía para la pareja de ancianos. También significaba que tendría que caminar una hora hasta el colegio y de vuelta a la casa todos los días.

"¿Y el béisbol, Papi?" Le pregunté.

"No te preocupes, Nacho. Puedes jugar en el colegio".

2

Pies Descalzos y Béisbol

MIS ABUELOS TENÍAN GALLINAS y yo tenía que cuidarlas. Además, mi tío Pedro —el hermano de Papi— tenía cinco gallos de pelea en jaulas y yo también era encargado de alimentarlos y darles agua. Me había dado órdenes estrictas de asegurarme de que los gallos no salieran y se pelearan entre ellos. Una vez por semana, venía a casa a verificar que estuviera haciendo un buen trabajo. Una vez, cuando no estaba mirándolos, dos de los gallos se pelearon a través de las rejas de sus jaulas, y uno se lastimó sus espuelas. El tío Pedro se enojó tanto que me dio una paliza que nunca olvidé. Años después me enteré que los gallos eran de otra persona, que le pagaba a mi tío para que los cuidara. Por supuesto yo nunca vi el dinero.

Viví en Juan Martín con mis abuelos de vez en cuando durante mis días de escuela. Mi abuelo era un hombre agradable, pero mi abuela era una persona seria y no recuerdo haberla visto sonreír nunca. Como era sólo un niño, no podía imaginarme las dificultades que ella podía haber tenido para mantener a una gran familia en Puerto Rico entre los 1920s y 1930s.

Yo sabía que era especial para mis abuelos y me gustaba vivir con ellos, pero a veces me sentía solo viviendo en el campo con una pareja de ancianos. Después de todo, estaba acostumbrado a estar rodeado de hermanos y hermanas y en un barrio lleno de niños dispuestos a jugar pelota en todo momento.

Por otro lado, en el campo me daba el lujo de tener mi propio cuarto. La casa de mis abuelos era una estructura de madera sencilla, con cinco habitaciones y un techo de zinc corrugado. A mí me encantaba el techo, en particular durante la época de lluvia. Me acostaba en la cama y escuchaba caer la lluvia como miles de pequeños martillos sobre mi cabeza. En la casa de mis padres no sólo tenía que compartir el cuarto con mis hermanos, sino también la cama.

El Valle de Yabucoa era como un jardín del Edén para mí. Rodeado por verdes montañas, el valle se extendía por cientos de acres, cubierto por plantas de caña de azúcar de hojas largas. Los campos parecían moverse como el flujo y reflujo de las olas del Mar Caribe cuando la brisa cálida atravesaba el valle, y a veces era difícil definir exactamente dónde terminaban los campos y dónde comenzaba el mar.

Este era mi hogar, lejos de un mundo más amplio que yo sólo conocía por las imágenes de mis libros, los diarios, la radio y mi imaginación de niño. Cuando no estaba alimentando a las gallinas o haciendo otras tareas para mis abuelos, probablemente estaba pescando en algún arroyo cercano o trepando a algún árbol de mango para conseguir alguno de los frutos dulces que abundaban en esa zona.

Después de un tiempo me hice amigo de un vecino, Paulino Ortiz. El fue una de las personas a las que me refiero como los ángeles en mi vida. Él me protegió, me prestó atención y, de muchas formas, me cuidó mucho. Todos los niños necesitan a alguien así.

Don Paulino cosechaba muchas frutas y vegetales en su granja y yo los llevaba al mercado. Él me dejaba llevar su caballo, y yo me levantaba antes del alba para atar dos grandes canastas al lomo del animal. Después de llenarlas con aguacates, mangos, papayas y cualquier otro producto que estuviera listo, montaba el caballo y cabalgaba hasta Yabucoa. Me gustaba el sonido rítmico de las herraduras contra el pavimento en las silenciosas horas antes del amanecer. Seguramente me veía como el jibarito en "Lamento Borincano" de Rafael Hernández.

Pero a diferencia del pobre hombre de campo de la canción, yo siempre lograba vender las frutas y verduras de Don Paulino. Él confiaba en que yo podía llevar sus productos, obtener un precio justo y regresar con su dinero, por eso siempre me trataba bien. Cuando volvía de la ciudad me daba cinco dólares y me decía que comprara algo de comer.

Cuando era niño, nunca perdía la oportunidad de ganar algo de dinero para mis gastos. Incluso recogía una especie de yerba llamada coitre, que luego vendía a las personas que criaban conejos. Me pagaban veinticinco centavos por una bolsa.

En la casa de mis abuelos, lo que más extrañaba era el béisbol, porque

20—El Pelotero Agresivo

no tenía a nadie con quien jugar ni tiempo para hacerlo, excepto en la escuela, que estaba en Yabucoa. Desde Juan Martín caminaba por la Autopista 901, la ruta principal que unía Yabucoa con el océano. En esos días, la caña de azúcar crecía hasta duplicar mi altura a ambos lados del camino. No había mucho tránsito sobre la larga franja de asfalto que me llevaba al colegio a diario. Excepto por algún camión o yunta de bueyes tirando de un carro de caña, no veía mucho más que árboles *flamboyan* y un par de casas de campo esparcidas entre las plantaciones de caña.

La hora de caminata en las mañanas y las tardes me daba la oportunidad de estar solo con mis pensamientos. En general, pensaba en béisbol y me imaginaba que era un adulto jugando en las grandes ligas. En realidad, no me molestaban esas largas caminatas, el problema era que no tenía zapatos y era el único niño descalzo en quinto grado. Mis pies siempre estaban sucios y tenía las plantas duras como el cuero.

Era común en Puerto Rico que los niños de primer y segundo grado fueran al colegio descalzos, pero para quinto grado la mayoría de ellos tenían zapatos. A veces el gobierno distribuía zapatos gratis y yo los usaba hasta que ya no quedaba nada de ellos salvo un olor rancio. De hecho, tuve un par que olía tan mal que mi Papi hizo un hoyo y los enterró detrás de la casa.

Para peor, en quinto grado yo estaba enamorado de una niña de cabello oscuro llamada Dominga y me sentaba cuidadosamente en mi escritorio mirándola, con la esperanza de que me viera. Al mismo tiempo, luchaba por esconder mis pies poniéndolos tan abajo de mi asiento como podía. Vivía con miedo de que la maestra me llamara al frente, donde Dominga y todos los demás podrían ver mis sucios pies descalzos.

Papi y Mami finalmente se mudaron a una casa a cinco minutos de la escuela Juan B. Huyke en Juan Martín, donde asistí de séptimo hasta noveno grado. A veces me escapaba del colegio con la excusa de ir al baño: le pedía permiso para ir a la maestra, corría a casa, tomaba una taza de buen café puertorriqueño y volvía a mi escritorio en el mismo tiempo que me hubiese llevado ir al baño. Por alguna razón, nunca me descubrieron. No sé si la maestra ignoraba a mi ausencia o si no podía imaginarse que yo hiciera otra cosa que lo que le había dicho.

Mi reputación de niño honesto hizo que me convirtiera en uno de los estudiantes favoritos de los maestros. Uno de mis maestros de la escuela secundaria, el profesor Guadalupe Rivera, solía darme dinero y dejarme salir de la clase todos los días para comprarle el almuerzo. Yo iba hasta el centro y compraba una porción de arroz blanco con habichuelas y algunas albóndigas o pollo. Además de permitirme salir de la clase por un momento, el profesor Rivera siempre me dejaba quedar con el cambio.

Quizás haya sido el tipo de niño en el que los maestros o vecinos confiaban, pero era muy tímido con mis compañeros de clase. Cuando estaba en kindergarten ni siquiera me quedaba a comer y jugar con ellos en el almuerzo. En vez de eso, corría todo el camino de regreso a casa para almorzar un plato de arroz con habichuelas de Mami. Sin embargo, con demasiada frecuencia, no había nada para comer.

Mi madre salía todos los días a buscar por el campo cualquier fruta o vegetal silvestre que pudiera encontrar gratis. Cuando mi Papi estaba trabajando compraba arroz y habichuelas en bolsas de cien libras a alrededor de cuatro centavos y medio la libra. A veces, si tenía trabajo, podía comprar a crédito, pero nadie le daba crédito cuando no estaba trabajando. Cuando la planta cerraba por la temporada, el ingreso de nuestra familia se limitaba a lo que él lograra ganar con trabajos ocasionales y lo que mi madre ganara lavando ropa para la gente de la ciudad.

En los días en los que no había comida en casa, lloraba todo el camino de vuelta al colegio y me prometía que cuando creciera tendría un refrigerador grande, lleno de comida, y me aseguraría que mi Mami y mi Papi también tuvieran mucho para comer. Recuerdo haberle pedido a Dios que me diera la oportunidad de ser alguien cuando creciera para que pudiera ayudar a mis padres.

Nosotros no éramos una familia particularmente religiosa, pero como la mayoría de los puertorriqueños, éramos católicos. Mi Papi iba a la iglesia de vez en cuando, pero por lo que recuerdo, Mami y nosotros sólo íbamos en ocasiones especiales, como Pascuas y Navidad. Cuando lo pienso, creo que ella simplemente no tenía suficiente energía para vestir a nueve niños para la iglesia los domingos por las mañanas. Además, había demasiado trabajo para hacer en la casa: comidas que cocinar, ropa para lavar y niños que demandaban su atención. Nunca se terminaba.

Aunque sabía delegar las tareas y hacer que los niños más grandes cuidaran de los pequeños, Mami estaba ocupada todo el día. Sus manos pasaban de una tarea a otra con la velocidad de un policía de tránsito en Nueva York. Alimentar una familia numerosa como la nuestra era un trabajo enorme. Recuerdo ir con ella al campo a buscar batatas silvestres. Ella me hacía trepar a los árboles para recoger los grandes frutos maduros del árbol de pana. Mami sabía cuándo maduraban las distintas frutas y verduras y exactamente dónde encontrarlas.

Ella también lavaba y planchaba para otros, además de hacerlo para todos nosotros. A veces iba a al río con ella en un día de lavado. Ella lavaba la ropa con sus manos y luego la estiraba sobre grandes rocas para secarla al sol. Al día siguiente tenía una gran pila de ropa para almidonar y planchar. Con la temperatura exterior rondando los 90 F, Mami se quedaba adentro planchando ropa con una plancha calentada con carbones calientes. Yo abanicaba o soplaba los carbones para que la plancha se mantuviera caliente. Después de planchar ropa todo el día, evitaba salir al aire frío de la noche por temor a enfermarse, una creencia común entre muchos de los habitantes de la isla en esos días.

A la mañana siguiente, Mami caminaba hasta Yabucoa para llevar las prendas recién almidonadas y planchadas y cobrar su dinero. Todavía puedo verla esconder el poco dinero obtenido, atándolo en un nudo en una esquina de su pañuelo. Tuvo una vida dura y, aunque nunca la escuché quejarse, muy pocas veces la vi sonreír.

Originalmente, mis padres vivían en una pequeña casa en el barrio El Cerro del Calvario, donde yo nací. Según la leyenda, un hombre fue ahorcado en mi barrio entre 1518 y 1873, cuando todavía había esclavitud en Puerto Rico. Siempre sentí que había algo especial en mi comunidad, desde la referencia religiosa en el nombre de nuestro barrio hasta la tradicional iglesia en la plaza, en Yabucoa siempre había recordatorios de la conexión del hombre con Dios, y en ningún lado estaba más presente que en los ángeles que decoran el escudo de la ciudad. Esas dos figuras representan los compañeros celestiales que están junto a nosotros en el viaje de la vida. Si bien mi vida fue bendecida con ángeles en la tierra, creo que los ángeles del cielo también me guiaron a lo largo de mi vida.

Aprendí desde muy pequeño que Dios controla lo que pasa en el mundo, pero yo podía rezar por lo que necesitaba. Una de mis primeras plegarias de la infancia se respondió cuando supe que nuestro colegio servía almuerzos gratis. El primero en descubrirlo fue mi hermano Víctor, y cuando lo vi comiendo en la escuela me di cuenta de que podía tragarme mi timidez lo suficiente como para llenar mi estómago. Aunque en poco tiempo llegué a ser más alto que mi hermano mayor, siempre lo admiré y quería hacer todo lo que él hacía. Cuando Víctor jugaba béisbol, yo también quería jugar. La verdad es que todos los niños de nuestro barrio jugaban béisbol y yo hubiese jugado aún si él no lo hubiera hecho.

Estaba en los primeros años de la escuela secundaria cuando una mujer que vivía cerca de la casa de mis abuelos me hizo el primer uniforme de béisbol. Varios de mis compañeros de equipo y yo la contratamos para que hiciera los uniformes con bolsas de harina de algodón. Creo que no sabía inglés, porque puso el logo colorido de Gold Medal® exactamente en los fondillos de nuestros pantalones. Aunque no tenía nada que ver con un patrocinador corporativo, Gold Medal® recibía mucha publicidad gratis de los niños que hacían sus uniformes con bolsas de harina desechadas en esos días.

La mujer nos cobró treinta y cinco centavos a cada uno, pero yo sólo tenía veintiún centavos. Finalmente, me dejó quedarme con el uniforme aunque solo pudiera pagarle un "adelanto"; le dije que le había conseguido muchos clientes con mi recomendación a mis compañeros. Volví varios años después a pagar mi deuda de catorce centavos, pero para entonces ella ya se había mudado.

De niño, era fanático de los Yankees de Nueva York. Escuchaba en la radio a Buck Canel, que transmitía sus partidos en español, jugada por jugada. Para animar su relato usaba efectos de sonido, como por ejemplo un fuerte ¡zas! cuando un bateador le daba a la bola. A veces incluso agregaba un fuerte viento de fondo y yo me imaginaba que los americanos jugaban béisbol en medio de tormentas de nieve. No pensaba que jugar en un clima frío fuera a gustarme.

Tenía dos héroes del béisbol. Uno era Jaime Almendro, campocorto para los Senadores de San Juan. Pero mi mayor héroe era sin duda el legendario Lou Gehrig, que murió en 1941. Aunque nunca vi a Gehrig jugar ni escuché un partido suyo por la radio, él era mi ídolo. Al crecer en una cultura en la que las historias de los héroes del béisbol se pasan de generación a generación como cuentos folclóricos, me atraían en especial las grandes historias del rey de grand slams que había jugado más de dos mil juegos consecutivos.

No podía imaginarme nada mejor en la vida que jugar más de dos mil veces, como lo había hecho Lou Gehrig. Era el sueño de mi niñez. Yo desde muy pequeño sabía que, cuando creciera, quería ser como él. Quería vivir como él, jugar como él y una vez hasta dije que quería morir como él. Pero por supuesto, cambié de idea con respecto a esa última parte hace mucho tiempo.

El único lugar en el que no era tímido era en el campo de juego. Tenía un talento natural para jugar y aprendía rápido. A medida que mejoraba mi juego, crecía mi confianza y, aunque nunca pude superarla del todo, pude vencer un poco mi timidez. Pronto aprendí que silbar era una buena forma de distraer a los bateadores del equipo contrario. Perfeccioné un silbido característico, molesto y persistente del que sacaba mucha ventaja.

Gracias al béisbol, finalmente me convertí en uno de los chicos más populares del colegio. Todos querían a Nacho en su equipo. Mi tía Frances comenzó a llamarme Nacho cuando era un bebé, pensando que ese era el apodo de mi segundo nombre, Bernardo. Cuando ella se enteró de que en realidad ese era el apodo del nombre Ignacio, yo ya respondía a Nacho. Hasta el día de hoy, en Yabucoa me conocen como Nacho.

Yo jugaba siempre que podía: en los recreos, después del colegio o los fines de semana. Por supuesto, tenía que adaptar el béisbol a mis tareas o —para ser más exacto— adaptar mis tareas al béisbol. Aunque vivía con mis abuelos, Papi era el jefe y tenía que responder ante él si mis tareas no estaban hechas. Afortunadamente, él amaba el béisbol. Eso hacía que fuera fácil reorganizar mis tareas para poder ir a los juegos. De hecho, Papi se convirtió en mi mayor fanático, nunca se perdía un juego o una práctica y alardeaba a todos los que pudieran escucharlo: "Ese es mi hijo".

A mis catorce o quince años ya jugaba en un equipo de Clase C de Yabucoa. El mánager, Maneco Rodriguez, fue el primero de muchos buenos maestros que tendría a lo largo de los años. Durante la semana jugábamos en la secundaria y a veces salíamos antes de la escuela para jugar. En los fines de semana viajábamos en un autobús para competir con otros equipos de nuestra región de la isla. Parecía que todos en Yabucoa eran fanáticos de béisbol. Llenaban los bancos del viejo parque donde juzgábamos los juegos locales. Desde luego que Papi estaba ahí alentándome.

Hasta la secundaria no tuve mi propio guante de béisbol, pedía alguno prestado o usaba el que me daba el equipo o la liga. Recuerdo claramente el día en que Iván "Ivy" Ortiz, hermano del dueño de la panadería en la que Papi acostumbraba comprar pan en los días de paga, me llevo al Mudafort Sports Center en Santurce. Me dejó elegir cualquier guante de la tienda.

Yo jugaba campocorto en ese tiempo y quería un guante que me permitiera atrapar la bola con la mano abierta y deshacerme de ella rápido. Sabía exactamente lo que quería y me probé guantes hasta que encontré un Rawlings suave y maleable, de buen cuero, que me quedaba a la perfección. Estaba muy orgulloso de ese guante y lo tuve por muchos años.

La mayor parte del tiempo prefería jugar béisbol que ir a la escuela, quizás con la excepción de las clases de economía doméstica. En esos días, todos los estudiantes, niños y niñas, tenían que aprender a cocinar, lavar los platos, poner la mesa e incluso coser. De hecho, mi primera tarea fue hacer un delantal de cocina. Pero lo mejor de la clase era mi maestra, la Señorita Berrios. Era tan joven y bonita que quería repetir sólo para estar otro año con ella.

Pero por suerte, era tan buen estudiante así como jugador de béisbol porque mi corazón no estaba en la escuela. Mi mente no sólo estaba normalmente en un campo de béisbol, sino que leer siempre me daba sueño. Sin importar el tema, cuando me ponía a leer, me dormía. Tuve una maestra que finalmente se rindió, o como a mí me gusta creer, comprendió mi situación. Después de jugar hasta tarde los domingos, absolutamente todos los lunes me quedaba dormido en la clase de inglés de décimo grado de Matilda Matthews. Mis compañeros de clase hacían de todo para despertarme, incluso trataron de cantar alto hasta que ella los detuvo.

"Déjenlo dormir", decía. "Jugó béisbol anoche".

¿Cuántos niños tienen maestros así? No lo sé, pero quizás me excusaba por dormir en clase porque veía un futuro para mí más allá del Valle de Yabucoa. De seguro, ese era el sueño de mi padre.

Recuerdo cuando mis hermanos y yo fuimos a trabajar en los campos de caña de azúcar. Éramos adolescentes y queríamos tener dinero para nuestros gastos. Pero Papi se enteró y nos ordenó que renunciáramos de inmediato, por miedo a que no termináramos la escuela si comenzábamos a hacer dinero. En lo que a él concernía, el colegio era lo primero. Él era el jefe y no nos dio alternativa. Finalmente, todos los hijos de Víctor Millán terminaron la escuela secundaria y ninguno trabajó nunca en los campos de caña de azúcar ni en el ingenio.

Cuando mi hermano y mi hermana mayores terminaron el colegio, se fueron a trabajar cerca de San Juan y comenzaron a ayudar a mis padres con los gastos de la casa. Víctor trabajaba en construcción con mi tío Andrés, el hermano de nuestro padre, y Ramonita hacía tareas domésticas para una familia en Río Piedras. Yo estaba en el colegio secundario en esa época, haciendo un nombre como el jugador estrella de béisbol y soñando con convertirme en un jugador de la Liga Mayor de Béisbol.

Toda mi familia tenía grandes esperanzas para mí y apoyaban mis sueños. Víctor siempre se aseguraba de que tuviera la ropa y el equipo necesario, en especial mi uniforme y zapatos. Él era un buen jugador de béisbol, pero era demasiado bajo para considerar una carrera profesional en béisbol. Mis hermanos menores, Domingo y Heriberto, también resultaron ser buenos jugadores y finalmente ambos jugaron béisbol amateur en Puerto Rico.

Me gradué de la secundaria sin tener dinero para ir a la universidad ni ningún plan para mi futuro. La mayoría de mis amigos estaban en la misma situación. Un día se me ocurrió unirme al Ejército de los Estados Unidos, y como no tenía ningún otro plan, decidí seguir con ese.

3

Por el Amor de Mercy

¿QUÉ ESTABA HACIENDO en el Ejército? Odiaba levantarme a las tres de la madrugada, arrastrándome sobre la panza como una serpiente bajo un manto de alambre de púas, cargado con una pesada mochila en la espalda y esquivando balas de fogueo o salva en la oscuridad. No sólo me disgustaba el entrenamiento, no podía entender lo que nadie decía. Lejos de Puerto Rico por primera vez en mi vida, las únicas palabras que recordaba de la clase de inglés de la Sra. Matthews eran "mother", "father" y "thank you". Esas palabras no se usan mucho en el Ejército.

Como si luchar con el inglés no fuera suficiente, me asignaron al Cuerpo de Comunicaciones y tuve que aprender código Morse. Era muy malo con él. Para mí, una serie de pitidos no se diferenciaba de la otra. Encima de eso, particularmente no me gustaban las alturas y el Ejército me quería como técnico. Observé cómo algunos de los otros soldados subían y bajaban de los postes de teléfonos con tan solo unas pequeñas clavijas como soporte, y al ver como uno cayó varios pies hasta el suelo, temí por lo que me esperaba.

De todos mis amigos que hicieron el examen para entrar al Ejército, sólo dos de nosotros pasamos. Héctor Trinta haría carrera en el Ejército, yo no. Casi antes de darme cuenta de lo que ocurría, me subieron a un avión camino a un campo de entrenamiento en Carolina del Sur. Añoraba mi hogar incluso antes de dejar el aeropuerto y hubiera dado cualquier cosa por volver a casa. Pero me había unido al Ejército por voluntad propia. No volvería a casa por dos largos años.

Encontré el Ejército realmente difícil en gran parte por la cuestión del idioma. Si bien en ocasiones me encontraba con otros soldados de habla hispana en la base, nunca me sentí tan solo en mi vida, a cientos de millas de mi familia y a un mundo de distancia de mi isla natal en el

28–El Pelotero Agresivo

Caribe. Seguro, no sería ni el primero ni el último soldado solitario en el Ejército, pero eso ofrecía poco consuelo cuando me pasaba a mí.

Sentía celos de los soldados que recibían cartas desde sus hogares. Recibían cartas de sus novias y tenían adónde ir los fines de semana. Yo me quedaba en el cuartel solo, deseando tener algún lugar adónde ir y a alguien que me acompañara. Pensé que sería bonito tener una novia, una novia que hablara español. Pero todo lo que me esperaba era otra semana de intentar seguir órdenes que no comprendía, temiendo que fuera mi turno para subir a un poste telefónico.

No estuve mucho tiempo en el Ejército antes de comenzar a pensar en la vida que quería para mí algún día. Soñaba con casarme y tener una familia. Había crecido en una familia feliz y deseaba lo mismo para mí. Rezaba para que cuando llegara el momento, Dios me enviara la mujer ideal para mí. Mientras tanto, tenía que lidiar con el Ejército.

Un día después de ser transferido a Fort Gordon, cerca de Augusta, Georgia, pasaba por el USO y me sorprendió encontrarme con un partido de béisbol. No tenía idea de que jugaran béisbol en el Ejército. Después de ver el partido, fui a ver al mánager, Teniente Smith, y con mi precario inglés le pregunté si podía probarme para el equipo.

"Claro", dijo. "Ven a la práctica el próximo jueves y muéstrame lo que puedes hacer".

Fui uno de los primeros jugadores en presentarse en el campo de juego la semana siguiente. Sentí que había encontrado un poquito de mi hogar. Después de la práctica, volví al cuartel esperando haber dejado una buena impresión, aunque el teniente nunca mencionó si lo hice o no. Después de uno o dos días recibí la orden de empacar mi equipo y presentarme en el cuartel de Servicios Especiales. Había entrado en el equipo.

De pronto, la vida en el Ejército no era tan mala después de todo, porque tratan muy bien a sus atletas. En el verano viajábamos para jugar pelota en otras bases, y podíamos ir al comedor en cualquier momento a buscar algo para comer. Al venir de un lugar donde la comida a menudo escaseaba, eso no era poca cosa.

Comencé a jugar como campocorto hasta que me lastimé el brazo. Después de eso, jugué en la primera base. Pasé el resto de mis días en el Ejército jugando béisbol y sólo volvía a mi cuartel original durante los recesos de la temporada.

Si bien otros soldados ansiaban recibir cartas, por supuesto, yo no lo esperaba. Es por eso que me sorprendí el día en que recibí una carta dirigida a mí. La novia de mi hermano me envió la fotografía de una chica que conocía y me sugirió que le escribiera. La chica en la foto no sólo era bonita, tenía un hermoso nombre: Mercy.

Sin perder tiempo, de inmediato escribí una carta, la dejé en el correo y esperé una respuesta. Esperaba empezar a recibir cartas pronto como los otros soldados. Esperé y esperé y esperé, pero no llegó ni una carta. Después de unos días, pensé que quizás mi carta se había extraviado en el correo, así que escribí otra. Pasaron unos días y todavía no recibía respuesta. Pensé que tal vez, la muchacha se estaba haciendo la difícil. Necesitaba hacerle saber que no me rendía con facilidad. Así que escribí otra carta.

Al fin, mi espera terminó. Fui el soldado más feliz de la base el día en que recibí mi primera carta de Mercy. Pronto, nuestras cartas volaban entre Georgia y Puerto Rico, tres o cuatro veces a la semana. Esto continuó por casi dos años. Después de un tiempo, me pregunté si estaba enamorado. ¿O acaso las cartas de Mercy sólo me estaban ayudando a sobrellevar la horrible soledad de los días en el Ejército?

Comenzamos a anticipar mi licencia, que sería en julio de 1962, e hicimos planes para encontrarnos tan pronto como volviera a Puerto Rico. Una vez más, no perdí el tiempo. En lugar de ir a Yabucoa, fui directamente a la casa del tío Andrés, cerca de Río Piedras, porque quería estar cerca de Mercy.

Fue maravilloso estar de nuevo en Puerto Rico, rodeado de todos los paisajes, aromas y sonidos familiares de mi hogar. No necesitaba traducir cada palabra que me decían o preocuparme por responder de manera inapropiada por no haber comprendido del todo una pregunta o comentario. Por supuesto, lo único que ocupaba mi mente era encontrarme con Mercy. Al día siguiente, fui a su casa. Estaba tan nervioso que podía sentir lo fuerte que latía mi corazón. ¿En realidad amaba a esta chica, o sólo era un soldado solitario que se había enamorado de un sueño de amor? Cuando Mercy abrió la puerta y la vi por primera vez, todas las palabras se atoraron en mi garganta. No debía pesar siquiera cien libras.

30–El Pelotero Agresivo

"Es tan delgada", pensé.

Entonces me sonrió, y yo le sonreí a ella. Eso fue todo. Definitivamente estaba enamorado. Mercy era incluso más bonita en persona que en sus fotos. Después de nuestro primer encuentro, sabía que era la chica con la que quería casarme.

Durante los siguientes seis meses, viví con mi tío Andrés y mi tía Oti, quienes me trataron como a uno de sus hijos. Disfrutaba estar con ellos, lógicamente, pero lo que más me gustaba era estar lo suficientemente cerca de mi novia como para verla cada tarde.

No tardé mucho en darme cuenta de que Mercy era una muchacha de oración. Todo el tiempo que estuve en el Ejército, rezaba por conocer a la chica de mis sueños y ella estuvo rezando por encontrar un esposo. No nos dimos cuenta en ese momento, pero supe que estuvimos rezando el uno por el otro. Creo que Dios tenía su mano sobre nosotros desde el principio, mucho antes de que la novia de mi hermano pusiera la foto de Mercy en un sobre y la enviara por correo.

Sin embargo, el padre de Mercy tenía grandes dudas sobre mí. Era muy protector de su pequeña niña. Todo lo que sabía sobre mí era que recién había vuelto del Ejército y ocupaba mucho del tiempo de su hija. Sin que lo supiéramos, inició una investigación para corroborar si yo reunía los requisitos para ser un pretendiente apropiado.

Ya que no conducía ni poseía un carro, contrató a alguien para que lo llevara a Yabucoa. Enseguida averiguó que casi todos en el pueblo conocían a Nacho Millán, el joven jugador de béisbol, rápido con el guante y con un silbido molesto. Las personas le aseguraron que yo era un buen chico, que no era una persona problemática y lo más importante, que no estaba ni nunca había estado casado. Esas eran las principales cosas que quería escuchar.

Resultó ser que yo estaba en Yabucoa ese día, pero no tenía idea de su visita. Demás está decir que me sorprendió encontrarlo en una esquina mientras jugaba a las cartas con algunos de mis amigos. Creo que fue algo bueno que ya hubiera escuchado cosas favorables sobre mí. De otra forma, tal vez no se hubiera quedado lo suficiente como para averiguar que era una buena persona para su hija.

Aunque pasé su prueba con honores y le dio luz verde a Mercy para continuar saliendo conmigo, nunca me permitió invitarla a salir en una cita. Todo nuestro noviazgo se desarrolló en el frente de su casa. Tradicionalmente, las jóvenes puertorriqueñas no salían solas con los muchachos. Si bien esta costumbre comenzó a cambiar a principios de los sesenta, el padre de Mercy era de la vieja escuela. Él me decía cuándo podía visitarla y cuánto tiempo podía quedarme.

Tenía una forma bastante inusual de dejarme saber cuándo debía finalizar mi visita. Se sentaba con un cepillo de dientes en la mano junto a una ventana, donde sabía que podía verlo. Entonces comenzaba a cepillarse los dientes. Este ritual era la señal para que me fuera. Con el tiempo, logré congraciarme con él, y aunque nunca me dejó invitarla a salir, dijo que sí cuando le pregunté si podía casarme con su hija.

Creo que para cuando le propuse matrimonio, Mercy ya estaba haciendo planes para la boda en secreto. O se podría decir, cuando le di el ultimátum.

"Si no nos casamos antes de fin de año, me vuelvo a Yabucoa", le dije.

No sé por qué lo dije de esa forma. La amaba. De hecho, hubiera esperado si ella no estaba lista para casarse. Por suerte, lo estaba.

Con cada visita, más me convencía de que Mercy era la muchacha indicada para mí. En principio, parecía en verdad interesada en mi amor por el béisbol. Yo sabía que necesitaba una esposa que compartiera mi pasión por el juego.

También noté la forma en que cuidaba a una pequeña vecina llamada Mercedita. Mercy había sido su niñera desde que nació. Podía ver que iba a ser una gran madre. Esto era muy importante para mí porque quería una familia numerosa. Sin embargo, antes de que pudiéramos casarnos y tener hijos, necesitaba un trabajo. Después de todo, tenía que asegurarle al padre de Mercy que podía mantener a su hija.

Me puse en contacto con Antonio Medina, el dueño de Yabucoa AA, un equipo de béisbol amateur. Me recordaba de los días en que jugaba béisbol en la secundaria y me dio un trabajo en su equipo por cerca de setenta y cinco dólares a la semana. Por supuesto, ese era sólo un paso hacia mi sueño de llegar a jugar béisbol profesional algún día.

Con frecuencia, los buscadores de talentos para las ligas mayores venían al Caribe en la busca de jugadores potenciales. Para la mayoría

32–El Pelotero Agresivo

de los jóvenes que jugábamos al béisbol en los sesenta, una carrera en las grandes ligas era sólo un sueño, sin importar cuánto lo deseáramos o cuánto nos esforzáramos por lograrlo. Apenas una docena de puertorriqueños jugaban en las ligas mayores en aquellos días. Veinte años después de que Hiram Bithorn se abriera camino en las grandes ligas en 1942, menos de dos docenas de puertorriqueños llegarían a las ligas mayores, muchos de ellos por no más de una temporada o menos. Observé con interés como esa cifra creció lentamente.

Yo era sólo un niño deslumbrando a los fanáticos en Yabucoa cuando un muchacho de Carolina llamado Roberto Clemente inició su legendaria carrera con los Piratas de Pittsburgh. Casi en la misma época, Luis Arroyo firmó para los Cardenales de San Luis y al año siguiente, Félix Mantilla fue a los Bravos de Milwaukee. Más nombres de mi isla continuaron apareciendo en la lista de jugadores de los equipos de la Liga Mayor de Béisbol, Orlando Cepeda y José Pagan fueron a los Gigantes de San Francisco, Juan Pizarro a los Bravos y Julio Gotay a los Cardenales, entre otros.

Con cada puertorriqueño que llegaba a las grandes ligas en los cincuenta y principios de los sesenta, crecían mis esperanzas. Las cosas comenzaban a cambiar para los jugadores de béisbol de Puerto Rico. Aunque no podía imaginar que alguna vez los latinos llegarían a conformar un tercio de los jugadores en las ligas mayores como ocurre hoy.

Una dura lección que aprendí en el Ejército continuó siendo evidente en 1962. El béisbol en los Estados Unidos era un juego de blancos, un juego de hombres blancos que hablaban inglés. Pero no dejé que eso me desalentara. Me aferré a mi sueño de jugar en las ligas mayores como me aferré a la joven que lo compartiría conmigo.

Y así fue como Mercy y yo comenzamos nuestras vidas juntos, con setenta y cinco dólares a la semana y un gran sueño. Nos casamos el 21 de diciembre de 1962, en la iglesia católica de Cristo Rey, en Río Piedras, junto a alrededor de cien amigos y familiares. Seis personas integraban el cortejo, y entre ellas, la pequeña Mercedita llevaba nuestros anillos. El padre de Mercy escoltó a su hija hasta el altar. También tuvo la idea de montar una carpa en el patio en caso de mal tiempo durante la recepción. Fue una buena idea, porque llovió a cántaros.

La gente decía que la lluvia era un buen augurio, como una lluvia de bendiciones, y que necesitaríamos un gran caldero para contener toda nuestra felicidad. En nuestro caso, fue cierto. Casarme con Mercy fue la mejor decisión que tomé en mi vida. Desde el día en que nos casamos, ella me ayudó a poner mis sueños en orden. Su tía nos alquiló una casita por veinticinco dólares al mes. La pequeña estancia era perfecta para dos jóvenes locamente enamorados.

Me fue bien en el equipo de Yabucoa. Al poco tiempo, estaba recibiendo mucha atención como uno de sus mejores jugadores. Cuando el equipo de Ponce se preparaba para una serie en Colombia, en 1963, me pidieron que me uniera como jugador de refuerzo. Los buscadores de talentos de los Estados Unidos venían todo el tiempo a vernos en las prácticas e hice lo mejor por impresionarlos.

Uno de ellos se llamaba Félix Delgado. Recuerdo el día en el que se me acercó y me hizo la pregunta que había esperado escuchar desde que era un niño descalzo y me ocupaba de los gallos en Juan Martín.

"Félix, ¿te gustaría jugar béisbol profesional?", me preguntó.

No tuvo que preguntarlo dos veces. Mis plegarias fueron escuchadas. Tenía a la esposa de mis sueños y Delgado me estaba ofreciendo la oportunidad profesional de mi vida. Después de tan solo un año y medio en el equipo de Yabucoa, tenía un contrato con los Atléticos de Kansas City (A's) como un agente libre amateur. Fui a Daytona Beach, Florida, para unirme a su equipo de Clase A. Si bien este fue un paso importante, sabía que me faltaba un largo camino para hacer realidad mi deseo absoluto. La incógnita persistía: ¿sería el próximo puertorriqueño y el primer muchacho de Yabucoa en jugar en la Liga Mayor de Béisbol?

4

Ligas Menores

ME PRESENTÉ EN DAYTONA BEACH, listo para jugar pelota, planeando dar lo mejor de mí, entrenar duro, aprender rápido y ascender directo a las grandes ligas en Kansas City. Pero no resultó como yo lo había planeado. En primer lugar, Delgado cambió mi posición. Había firmado con los Atléticos de Kansas City para jugar primera base. Sin embargo, después de verme jugar por un tiempo, el creyó que me iría mucho mejor en segunda base.

Tenía una buena mano y me podía mover rápido para hacer dobles jugadas. Delgado notó que cuando la bola golpeaba mi guante, yo la tiraba con rapidez. Era una persona muy trabajadora. Podía lanzarme a la bola, estirarme, levantarme y pasarla sin siquiera pensarlo. Ser rápido en mis pies era crítico para evitar lesiones por un corredor deslizándose a la segunda base. Yo estuve de acuerdo con que con el entrenamiento apropiado, me iría bien en segunda base. Eso significaba que debía concentrarme en lanzar con más fuerza, saltar más alto, correr más rápido y poder hacer dobles jugadas.

No todo lo que tenía que aprender era en el campo de juego. Estaba el asunto de mi inglés, el cual era muy precario, y una cultura que era muy diferente a lo que estaba acostumbrado en Puerto Rico. Si bien mi isla natal en el Caribe era territorio de los Estados Unidos, su idioma y raíces culturales se remontan a más de cuatrocientos años de soberanía española, después de su descubrimiento en 1493, por Cristóbal Colón. Para ponerlo en perspectiva, hacía apenas sesenta y seis años que Puerto Rico se había convertido en territorio de los Estados Unidos cuando llegué a Daytona Beach, en 1964. Puede que haya sido un ciudadano estadounidense, pero todo sobre mí era puertorriqueño. Hablaba español, comía comida puertorriqueña, bailaba música latina y celebraba las fiestas hispanas. Era 100% puertorriqueño.

Llegué a los Estados Unidos en una época agitada. El país seguía dolido por el asesinato del presidente John Kennedy unos pocos meses antes. Las tensiones con Cuba, Panamá y otros países latinoamericanos eran altas, y los Estados Unidos estaba dividido por la Guerra de Vietnam. A pesar de que el presidente Lyndon Johnson firmó la Ley de Derechos Civiles en julio, los problemas raciales persistieron. Era un mundo extraño para mí.

Los equipos de béisbol comenzaban a mostrarse más abiertos ante las personas de color y los latinos para 1964 en comparación con los 1940s y 1950s, pero en ciertas áreas del país no era así. Nunca experimenté prejuicios raciales en Puerto Rico. Allí podía entrar en un restaurante y quedarme en cualquier hotel que pudiera pagar. Esto no sucedía en los Estados Unidos, particularmente en el Sur.

Cuando viajaba con el equipo de Daytona, los jugadores blancos siempre se quedaban en hoteles bonitos mientras que los latinos y los de color íbamos a lugares de segunda, lejos del resto del equipo. Cuando parábamos para comer, nos quedábamos en el autobús mientras los jugadores blancos iban a un restaurante. Recuerdo a un cubano de tez blanca de nuestro equipo, al que le permitían comer con los jugadores blancos. El nos traía la comida al autobús. Odiaba la forma en que nos trataban y deseaba jugar en las grandes ligas. De seguro no tendría que soportar prejuicios allí.

Dejando las cuestiones raciales a un lado, y aunque me gustaba jugar béisbol en los Estados Unidos, era feliz cuando terminaba la temporada y podía volver a casa. Ansiaba jugar béisbol en invierno en Puerto Rico para mantenerme en forma y seguir desarrollando mis habilidades en la segunda base, por no mencionar que necesitaba el dinero.

Delgado y yo fuimos a ver a Hiram Cuevas en San Juan, a la espera de que encontrara un lugar para mí en un equipo amateur. Esperé afuera de la oficina de Cuevas mientras ellos conversaban. No sé si dejaron la puerta abierta intencionalmente o no, pero podía escuchar todo lo que decían. Mi corazón se detuvo cuando escuché a Cuevas decir que no tenía nada. Por suerte, Delgado tenía un plan B.

"¿Te gustaría jugar en Venezuela?", me preguntó.

36–El Pelotero Agresivo

No me importaba dónde, mientras pudiera jugar. Por lo menos en Venezuela podría hablar en español y no tendría que comer en un autobús.

Lo que más recuerdo de ese invierno en Venezuela no tiene nada que ver con mis habilidades como jugador de béisbol. Para empezar, alguien me robó mi guante Rawlings, el de Mudafort. Hubiera usado ese guante hasta que su interior estuviera tan liso como la piel de un mango maduro y me molestó mucho haberlo perdido. El otro problema tuvo que ver con asuntos políticos y un intento fallido para derrotar al gobierno venezolano. Finalmente, nuestra liga se disolvió y volví a casa donde los de Atléticos negociaron un contrato exclusivo para que yo jugara con los Criollos de Caguas, en la Liga Profesional de Béisbol de Puerto Rico.

Después de un año en Daytona Beach, llegó el momento para que los de Atléticos me contrataran para las ligas mayores. De otra forma, otro equipo podía seleccionarme, y es exactamente lo que ocurrió. Aunque me había ido bien en Daytona, los de Atléticos no me contrataron y aparecieron los Bravos de Atlanta, que me compraron por tan solo dos mil quinientos dólares. Esa fue una de mis primeras lecciones en los negocios de la Liga Mayor de Béisbol.

En lugar de ir a Kansas City en 1965, Mercy y yo nos mudamos al otro lado de los Estados Unidos, a Yakima, Washington, donde me uní al equipo Clase A de los Bravos, en la Liga del Noroeste. Para un muchacho que creció en una isla tropical, no sabía que clima esperar en el Noroeste. Recuerdo el sonido del viento, rugiendo de fondo durante las transmisiones de radio de Buck Canel. Aunque no nevó mientras estuve en Yakima, el clima se tornó muy frío para mediados de julio, lo que confirmaba mi miedo de la infancia de que no podría jugar pelota en climas fríos. Sin embargo, Yakima resultó ser algo bueno para mí en todo lo demás. Primero que nada, no tuve que lidiar con el racismo. Mi problema fue encontrar a alguien en Yakima que pudiera cortarme el pelo. Fui a un barbero blanco que miró mi afro y me dijo que no con la cabeza.

"No sé cómo cortar eso", dijo.

No lo tomé como algo personal. Le agradecí de manera educada y le pedí a uno de mis compañeros de equipo que me cortara el pelo.

Lo mejor que me pasó en Yakima no tuvo nada que ver con el clima, la raza o un corte de pelo. Allí conocí a Hub Kittle.

Hub fue una leyenda en su época, mánager, entrenador, instructor de lanzadores, conductor de autobús. Lo que se te ocurra, él lo hizo. Fue el mejor maestro que un jugador de béisbol hubiera podido tener y tuve la bendición de aprender de él. Hub sabía que yo tenía lo que se necesitaba para llegar a las ligas mayores. Él vio mi potencial como un sólido segundo bateador para hacer avanzar a los corredores en las bases delante de mí.

"Golpea la bola y corre, Félix. Eres bueno en eso", dijo.

Lo mejor que Hub hizo por mí, fue cuando yo estaba en un período de mala racha, bateando por debajo de .200. Él sabía que tenía que hacer algo, así que me llamó a un lado.

"Félix, mañana a las tres vamos a ir al parque", me dijo. "Tratemos de batear la pelota".

Hub trabajó conmigo todos los días, estudiándome como un libro y sugiriendo formas de mejorar mi swing. Me hizo agacharme un poco y levantar mi codo izquierdo hasta ponerlo a nivel del pómulo. Cuando me dijo que acortara el agarre del bate, comencé a notar la diferencia de inmediato. Varié el agarre hasta encontrar la mejor posición para tener mejor control del bate. De hecho, acorté el agarre casi en seis pulgadas. Parecía que iba a hincar el bate en mi panza cuando bateara. Pero funcionó. Pronto estaba bateando la pelota adónde sea que la lanzaran. Al poco tiempo mi promedio de bateo era de .326.

Pensé que si este extraño estilo de bateo me llevó de un promedio de .200 a más de .300, sería bueno mantenerla. Acortar el agarre me dio el control que necesitaba para lograr líneas rectas en cualquier lugar del campo. Pero no generaba jonrones, por eso los jugadores ya no lo usan. Hoy el juego se trata de poder. Fui uno de los últimos jugadores en acortar el agarre del bate así.

En cuanto al bate, para mí funcionaba mejor uno de 36 o 33 onzas, según el clima. Me gustaba el más liviano en julio y agosto, cuando hacía calor.

Cuando los Bravos se mudaron de Yakima a la Liga de Texas, fui a Austin. Me encantó jugar para Hub. Sin embargo, no planeaba hacer carrera en las ligas menores. Después de casi tres años, comencé a impacientarme por entrar en las grandes ligas. Mi promedio de bateo era entre

38–El Pelotero Agresivo

.308 y .311, hacía dobles jugadas y probaba que era un hombre difícil de ponchar. Claramente, había logrado todo lo que mis entrenadores pretendían de mí. Podía saltar. Podía lanzar. Podía saltar y lanzar a la vez. Podía recoger una rola más rápido de lo que puedes decir Yabucoa, y no me había lesionado. Mi promedio de fildeo en las ligas menores era bastante decente, .958.

No sé cuántas veces escuché a un entrenador predecir que si tenía una buena pretemporada, llegaría a las ligas mayores. Pero no ocurría. Recuerdo la pretemporada en que mi promedio de bateo fue de casi .385. Estaba seguro de que iría camino a las grandes ligas, pero no. Me dijeron que necesitaba más experiencia en las ligas menores. Necesitaba más tiempo de juego. Necesitaba desarrollar mis habilidades. Necesitaba trabajar más en las dobles jugadas. Necesitaba trabajar en esto o aquello. Sabía que era tan rápido como cualquiera de los de segunda base en las ligas mayores. Era un buen bateador y un buen defensor. Podía jugar como el mejor de ellos. Después de un tiempo me sentí desanimado.

Había cosas más importantes que cumplir el sueño de un niño de jugar en las ligas mayores. Estaba pasando un mal momento financiero. Tenía una esposa y queríamos comenzar una familia, pero era difícil llegar a fin de mes con el salario de un jugador de ligas menores, cerca de 800 dólares al mes. Estaba listo para renunciar.

"No tiene sentido quedarnos aquí", le dije a Mercy. "Vayamos a casa".

"No querrás tener remordimientos después", me advirtió. "Vamos a darle otra oportunidad".

No mucho tiempo después, Hub me llamó a su habitación una noche después de un juego en El Paso. Fue una reunión corta porque sólo tenía una pregunta.

"Félix, ¿crees que puedes batear a los lanzadores de las grandes ligas?", me preguntó. Él conocía mi respuesta antes de que las palabras salieran de mi boca.

"¡Por supuesto que puedo!"

"Bien, prepárate", me dijo. "Mañana te vas para Atlanta". Gracias a Dios que escuché a Mercy.

5
Comienzo con los Bravos

NUNCA OLVIDARÉ MI PRIMER DÍA con los Bravos de Atlanta. No creo que fuera una coincidencia que Hank Aaron me separara del grupo.

"¿Dónde dormirás esta noche?", me preguntó.

Cuando le dije que iría a un hotel, me insistió en que fuera a su casa con él. A la mañana siguiente me preguntó cómo pensaba movilizarme por la ciudad.

"Tomaré el autobús", yo le respondí.

Él tendió la mano y me ofreció las llaves de un auto. "Llévate mi Camaro", me dijo.

No sólo me dejó usar su auto, también pidió que compartiéramos la habitación cuando viajáramos y fuimos compañeros de cuarto todo el tiempo que jugué en los Bravos.

Aaron acostumbraba proteger a algunos de los jugadores jóvenes de color y latinos. En realidad, yo fui su segundo compañero de cuarto puertorriqueño llamado Félix, porque había compartido habitación con Félix Mantilla, que era diez años mayor que yo, cuando los Bravos estaban en Milwaukee.

Yo admiraba a Aaron, como ser humano y como jugador, era un buen muchacho dentro y fuera del campo de juego y me trataba bien. El consejo más importante que me dio fue ser agradecido por tener la oportunidad de jugar béisbol en las ligas mayores. A él no le gustaba ir de fiesta y a mí tampoco. Cuando viajábamos, a menudo pasábamos el tiempo en nuestra habitación jugando barajas mientras los demás iban a la ciudad.

Nunca tuve problemas con el alcohol y le doy todo el crédito a mi Papi por ser un buen ejemplo porque, excepto por fumar un cigarro ocasionalmente, nunca consumió alcohol ni tabaco. A mí no me interesaban ni la bebida ni la fiesta, yo sólo quería jugar béisbol.

40–El Pelotero Agresivo

Entré a los Bravos en Atlanta en la primera temporada después de que se mudaran de Milwaukee. Este era el equipo de Aaron, Eddie Mathews, Joe Torre, Felipe Alou y Phil Niekro y yo estaba orgulloso de ser parte de él. Con el uniforme número 11 de los Bravos de Atlanta hice mi debut en la Liga Mayor el 2 de junio de 1966, en un partido contra los Gigantes de San Francisco.

La primera vez que entré en el cajón frente a una multitud de 30,000 fanáticos me sentí un poco intimidado. Esos sentimientos desaparecieron tan pronto bateé un imparable en mi primer turno al bate. Desafortunadamente para los Bravos, San Francisco ganó ese partido 5-0.

Los Bravos me habían pagado dos mil quinientos dólares por firmar y después de noventa días en las ligas mayores, esperaba recibir un bono por mi desempeño. Era algo de cinco mil dólares y Mercy y yo realmente contábamos con él. Sin embargo, sólo tres días antes de los noventa días, el mánager de los Bravos, Billy Hitchcock, me pidió que nos reuniéramos para desayunar. Tenía el presentimiento de que eran malas noticias, y tenía razón.

"Félix, te vamos a enviar de vuelta a Richmond", me dijo.

Mi corazón se detuvo. Nada podía ser peor que volver a jugar en las ligas menores después de haber logrado llegar a un equipo de ligas mayores. Ya había pagado mis deudas en las ligas menores. Había logrado todo lo que me habían pedido y nunca me había lesionado. Yo sabía que era lo suficientemente bueno como para las grandes ligas. No podía creer lo que Hitchcock me decía.

"Preferimos que juegues todos los días en la Clase AAA a que estés sentado en el banco sin hacer nada", agregó.

Eso no era lo que yo quería escuchar. Sí quería jugar todos los días, pero no en las menores y además, había jugado bien para los Bravos cuando tuve la oportunidad. En mis primeros tres meses jugué en segunda base sólo en 25 partidos, logré 54 outs, 56 asistencias y 12 dobles jugadas. Solo cometí 3 errores y tuve un promedio de fildeo de .973. En las 91 veces que me tocó batear, solo tuve 6 ponchetes y mi promedio de bateo era de .275. Yo consideraba que los Bravos no me habían dado muchas oportunidades de juego. La verdad era que habían invertido mucho dinero en su segunda base regular, Woody Woodward.

Sentado frente a Hitchcock en la mesa de desayuno, mantuve la boca cerrada y escuché con educación todas sus razones para enviarme a Richmond. Dijo que necesitaba trabajar mis dobles jugadas y concentrarme en evitar las lesiones. Segunda base puede ser un lugar peligroso por los posibles choques con los corredores que se deslizan hasta la base, pero yo ya sabía eso. No me estaba diciendo nada que no supiera. Por supuesto, yo haría lo necesario para protegerme en el campo, pero todo jugador de béisbol sabe que las lesiones son parte del juego.

"Ganarás experiencia en Richmond", me dijo.

Si se suponía que eso iba a hacerme sentir mejor, no lo logró. Aunque no me convenció nada de lo que dijo, sabía que no podía discutir. En esos días, los jugadores no protestaban ni pedían una transferencia cuando el club hacía algo con lo que no estaban de acuerdo. Había menos equipos que ahora y mucha competencia. Si no hacía lo que me pedían, sabía que había muchos jóvenes esperando para tomar mi lugar y había trabajado duro y esperado mucho para llegar a las ligas mayores. No iba a decir nada que pusiera en riesgo mi futuro en el béisbol, así que me reservé mis opiniones.

Recuerdo una conversación con Wayne Minshew de *The Atlanta Constitution*, quien luego sería el director de relaciones públicas de los Bravos. Trató en vano de consolarme, diciendo que no me merecía que me enviaran de vuelta a las menores. Ya había visto como les pasaba lo mismo a otros jugadores y trató de convencerme de que así eran las cosas en las grandes ligas.

"Es una decisión de negocios", afirmó.

"No te preocupes", le respondí con firmeza. "Pronto estaré de vuelta". En realidad, me hice esa promesa más a mi mismo que a Minshew.

Me fui a Richmond con la determinación de demostrar mis capacidades y, al recordar lo que pasó, me doy cuenta de que sí fue una cuestión de negocios. Tengo que admitir que esa decisión cambió el destino de mi carrera, comenzando por el momento en que conocí a Luman "Lum" Harris, el mánager de los Bravos de Richmond en la Clase AAA. Sin duda, él fue uno de los mejores maestros que tuve en mi carrera como jugador de béisbol y nadie creyó nunca en mí como Lum. Yo trabajaba muy duro para cumplir con sus expectativas.

42–El Pelotero Agresivo

En Richmond me reuní con Bobby Cox, que se retiró como mánager de los Bravos en 2010. Juntos, creamos mucha expectativa para una liga menor de béisbol en nuestra lucha para conseguir el campeonato de la Liga Internacional de 1967. Cox y yo atraíamos multitudes y llegamos a reunir hasta dieciocho mil fanáticos en una serie de tres partidos con Rochester. El periodista deportivo Laurence Leonard nos apodó "los mellizos de oro del polvo".

Cuanta más gente había, mejor jugaba y más silbaba. Silbaba cuando estaba feliz, cuando estaba bajo presión y para distraer a los bateadores del equipo contrario. Alguien hizo la cuenta: silbé trescientas sesenta y cinco veces en un solo partido.

Toda la energía y la expectativa que se generó en Virginia no pasaron desapercibidas para los managers de los Bravos en Atlanta. Paul Richards, vicepresidente de operaciones, le dijo a Leonard que no había visto tanta gente en los partidos de las ligas menores en mucho tiempo.

Con un promedio de bateo de .310, me nombraron jugador del año en las ligas menores. Nunca supe qué pensaba Hitchcock de mi desempeño en Richmond, pero en realidad no importaba, porque sus días en Atlanta estaban por terminarse: los Bravos iban a contratar a un nuevo mánager.

Nunca tuve el hábito de pedir favores personales, pero hice dos excepciones mientras estuve en Richmond. El primero fue cuando mi hermano Silverio murió. Cuando recibí la noticia, estaba en Montreal y en cuanto se enteró, Lum me dijo que tomara un avión a Puerto Rico. Pedí el segundo favor cuando la madre de Mercy estaba muriendo de cáncer. A sólo un mes de terminar la temporada de 1967, le pregunté a Lum si podía irme antes para acompañar a Mercy y pasar algo de tiempo con mi suegra. Su respuesta me sorprendió.

"¿Eres doctor, Félix?", me reguntó.

Me pareció una pregunta extraña.

"Mira, no hay nada que puedas hacer allí", agregó. "Y este es un mes importante aquí".

Entonces me dijo que él iba a Atlanta para asumir como nuevo mánager de los Bravos y que yo me iría con él como su nuevo segunda base. Nada podría haberme hecho más feliz. Lum me había alentado desde el primer día que llegué a Richmond. Estaba contento de poder ir a

Atlanta con él. Era la mejor noticia que podía darme y no debía pensarlo dos veces, pero el momento no era el mejor. Yo necesitaba estar ahí para Mercy y para su madre.

"Tú necesitas estar en Atlanta", me dijo. "Ganarás experiencia en las grandes ligas en el último mes de la temporada y estarás listo para jugar en la próxima. Si te vas a Puerto Rico ahora, te perderás un mes importante que podría ayudarte".

Yo sabía que no tenía opción.

6

Años con los Bravos

DESPUÉS DE UN MES EN ATLANTA, me fui a Puerto Rico y llegué el mismo día en que murió la mamá de Mercy. Le agradecí a Dios haber podido estar con ella antes de que se durmiera por última vez.

Ese invierno, jugué de nuevo con los Criollos, siempre esperando con ansias el entrenamiento de primavera con los Bravos. Recuerdo que le prometí a mi Papi que cuando llegara a Atlanta sería el jugador más agresivo del campo.

A algunos puede resultarles sorprendente que yo volviera a los Bravos aunque Woodward estuviera ahí, pero Lum confiaba mucho en mí. Él sabía lo que podía hacer y yo sabía que él me haría jugar. Él no ocultaba que tenía una muy buena opinión de mis habilidades como segunda base. Trabajé mucho para cumplir con sus expectativas y ganarme también la confianza de mis compañeros.

Una de las primeras cosas que hice cuando volví a Atlanta fue elegir otro número. Mi número 11 se lo habían dado a Deron Johnson, un buen bateador transferido de los Rojos de Cincinnati. Elegí el 17 solo porque se parecía a un 11. Nunca fui supersticioso con el número de mi uniforme.

El primer día de la temporada en Atlanta, el 12 de abril de 1968, me encontré en la alineación con Hank Aaron, Felipe Alou, Clete Boyer, Sonny Jackson, Deron Johnson, Joe Torre, Mike Lum y Pat Jarvis. Pete Rose, de Cincinnati, bateó la primera bola del partido, que yo atrapé y tiré a primera base: logré el primer out del primer partido de vuelta con los Bravos. Ganamos 4-3.

En ese equipo de los Bravos, junto a estrellas y leyendas del béisbol que admiraba, ansiaba tener una buena temporada, quizás incluso un campeonato. Como le había prometido a mi Papi, siempre trabajé duro. Para mediados de la temporada, la prensa me prestaba bastante atención.

Gary Ronberg, de *Sports Illustrated*, dijo que yo era un "jugador dulce" (22 de julio de 1968): "Puede batear, puede batear y correr, puede tocar la pelota y conseguir una base por bolas. Puede correr y deslizarse y puede volver a levantarse y seguir corriendo".

Al poco tiempo, por mi estilo de juego me habían dado el apodo de El gato (Kit en inglés). Milo Hamilton, el locutor de los Bravos, decía que yo me movía como un gatito. Él acortó el término a Kit y así quedó. Luego me llamaban Cat [gato]. Cuando iba al bate en Atlanta, el organista del estadio tocaba la canción del programa de televisión "Félix el gato".

El gato, El gatito, Kit o Cat. A mí no me importaba como me llamaban, siempre que me llamaran para jugar.

Los Bravos se habían estancado en un puesto medio en la Liga Nacional por varias temporadas y ya era hora de estar entre los primeros. Admito que mi ambición era ayudarlos a lograrlo en 1968. Comenzamos bien y nos acercamos al segundo puesto a pesar de tener algunos lesionados en el banco. Pronto, yo también me había unido a la lista de lesionados.

Era la octava entrada de un partido con Cincinnati, un 19 de junio. Clay Carrol, un ex compañero de equipo de Richmond, estaba en la loma y yo iba por mi quinto bateo cuando él le dio a mi mano. Perdí más de dos semanas de juego y tuve que mirar, sin poder ayudar, cómo mis Bravos descendían al tercer y luego al cuarto puesto.

El entrenador Jim Busby le dijo a Ronberg: "Sin Félix en el campo, no éramos el mismo equipo".

Para el final de la temporada regular sólo habíamos ganado la mitad de nuestros partidos, ubicándonos nuevamente en el quinto lugar en la liga.

Jugué 149 de los 162 partidos de la temporada regular de 1968, detrás de los 151 de Aaron y los 158 de Alou. Hice un total de 91 dobles jugadas, 433 asistencias y 330 outs realizados, lo que me dio un promedio de fildeo de .980. Estuve al bate 570 veces, logré 165 hits y sólo me poncharon 26 veces.

El año siguiente hubo muchos cambios en la Liga Mayor de Béisbol. En primer lugar, las ligas Americana y Nacional se dividieron en dos ligas de seis equipos y eso hizo que se agregaran cuatro nuevas franquicias. La Liga Americana agregó a los Angelinos de Los Ángeles y a los Senadores de Washington, y la Liga Nacional agregó a los Expos de Montreal y los Padres de San Diego.

Cada liga, a su vez, se dividió en divisiones del Este y del Oeste. Los Bravos estaban en la División Oeste de la Liga Nacional, junto con los Gigantes de San Francisco, los Rojos de Cincinnati, los Dodgers de Los Ángeles, los Astros de Houston y los Padres de San Diego. La División Este de la Liga Nacional incluía a los Mets de Nueva York, los Cachorros de Chicago, los Piratas de Pittsburgh, los Cardenales de San Luis, los Filis de Filadelfia y los Expos de Montreal. Al final de la temporada regular, el mejor equipo de cada división competía en un campeonato de cinco equipos para determinar qué equipo iba a la Serie Mundial.

Se hicieron otros dos cambios en 1969: la zona de estraícs se redujo al área sobre el plato entre las axilas del bateador y la parte superior de sus rodillas; y se redujo la altura del montículo de lanzamiento en cinco pulgadas. Ninguno de estos cambios afectó mucho mi forma de jugar. Mi bateo continuó siendo una cuestión de batear y correr para mover a los corredores que tenía adelante. Como no era un bateador que hiciera muchos jonrones, debo mencionar nuestro partido contra San Francisco el 8 de abril en Atlanta.

Siempre me paraba cerca del plato y en la primera entrada del partido, el lanzador de los Gigantes, Gaylord Perry, me pegó en la mejilla. Mi ojo se hinchó como si me hubiera pegado un boxeador profesional. Lum quería sacarme.

"¿Por qué no me sacaste antes de que me pegara?", le dije, haciéndole saber que pensaba seguir jugando.

Volví en la segunda entrada con un sencillo. Bateé un bombo en la cuarta y bateé otro imparable en la sexta con las bases llenas. Bob Didier y Ralph Garr estaban en la base cuando Perry le dio intencionalmente a Alou la base por bolas, para no arriesgarse a que hiciera un jonrón. Cargó las bases porque sabía que yo era el próximo en batear. Claramente, no esperaba mucho más de mí que un roletazo. En otras palabras, era un out fácil en cualquier base. Ya me había avergonzado cuando me pegó en la mejilla y luego, para peor, le dio la base por bolas a Alou. Yo estaba furioso.

Fui al plato con la mejilla hinchada como un limón y asumí mi estilo de bateo habitual: tomando el bate bien arriba y con el brazo izquierdo colocado de manera de poder ver a Perry justo por encima de mi codo. Tenía que asegurarme de que no lograra ese out fácil que él pensaba que tenía. Por lo general, dejaba pasar el primer lanzamiento, pero creo que no lo hice ese día. Lo único que recuerdo es que la bola vino rápida justo sobre el plato, exactamente donde la necesitaba y yo columpié el bate con toda la fuerza que podía lograr con mi cuerpo de 172 libras. Hice un contacto excelente y antes de que me diera cuenta de lo que había pasado, la pelota estaba fuera. Se fue por la izquierda, sobre la cerca y fuera del estadio. ¡Un jonrón!

La multitud estalló. Didier cruzó el plato seguido de Garr, luego Alou y finalmente yo. Miré hacia las gradas, donde se sentaba Mercy, pero ella no estaba sentada. Estaba saltando, moviendo los brazos y gritando como loca. Había conseguido un grand slam. Si alguna vez sentí la alegría pura de jugar al béisbol, fue en ese momento.

Lleno de emoción, corrí al dogout esperando que mis compañeros me rodearan. En vez de eso, me recibieron con solemnidad. Nadie decía una palabra. Actuaban como si yo no hubiese hecho nada. Nadie sonreía. Ni me palmeaba la espalda.

"¿Qué les pasa?", me pregunté.

Después de todo, un jugador que no hacía jonrones acababa de barrer las bases. Cuando empecé a calmarme empezaron a gritar y hacer mucho alboroto. Había sido víctima del tratamiento silencioso, un gesto antiguo de aceptación de los novatos en las ligas mayores. Nunca en mi vida había estado tan contento de que me ignoraran. Me hicieron sentir fantástico.

Ese fue mi único grand slam en los Estados Unidos. Aunque los jonrones no eran mi especialidad, logré 22 en mi carrera en las ligas mayores. Los demás confiaban en mí porque yo siempre le pegaba a la pelota. De las 652 veces que bateé en 1969, sólo me poncharon en 35 oportunidades, un récord de la temporada de los Bravos que mantengo hasta el día de hoy. También fui el primer jugador de los Bravos en estar en los 162 partidos de la temporada regular. Mantuve este récord desde 1969 hasta 1982 y ahora lo comparto con Dale Murphy, Andruw Jones y Jeff Francoeur.

En lo que respecta a mi carrera y estadísticas, fui uno de los mejores segunda base defensivos de la liga en 1969 con 373 outs realizados, 444 asistencias y un promedio de fildeo de .980. Logré 174 sencillos con 23 dobles, 6 jonrones y 57 carreras empujadas, lo que me dio un promedio de bateo de .267.

Terminamos la temporada con 93 victorias. Finalmente, los Bravos lograron el primer puesto en la Liga Nacional del Oeste. Estábamos en camino a nuestra primera Serie del Campeonato en la Liga Nacional y podíamos ser escogidos para obtener ese título también. Sin embargo, los Mets de 1969 estaban de racha.

La famosa anécdota de los Milagrosos Mets es una de las más conocidas en la historia del béisbol. Era un equipo que nunca había terminado una temporada en un puesto superior al noveno desde que entraron en la Liga Nacional en 1962. Habían ganado sólo 18 de los primeros 41 partidos en 1969 y la historia parecía repetirse, hasta que las cosas dieron un giro drástico. Ganaron 39 de los últimos 50 partidos y terminaron con 100 partidos ganados y 62 perdidos, en gran parte gracias al excelente lanzamiento de Tom Seaver.

Era el equipo que todos esperaban que los Bravos vencieran en el campeonato por la Liga Nacional. Recuerdo que, antes de que comenzara la serie, alguien le preguntó al mánager Gil Hodges qué jugadores de los Bravos consideraba que le causaría problemas. Dijo que eran cuatro y nombró a los primeros tres rápidamente. Luego hizo una pausa; no se acordaba del cuarto.

"Ese chico. No sé su nombre", dijo. "El de segunda".

Estaba hablando de mí. No era mi estilo llamar la atención. Tenía un trabajo que hacer y mis compañeros confiaban en mí. Me concentraba en mejorar mi juego y dar siempre lo mejor de mí. La sonrisa en mi rostro demostraba cuánto me gustaba mi trabajo.

Pensamos erróneamente que estábamos listos para los Mets, pero nos eliminaron en tres partidos. Luego ganarían el título de la Serie Mundial en 1969, derrotando a los Orioles de Baltimore de la Liga Americana en cinco partidos.

A pesar de haber perdido, 1969 fue un gran año para mí personalmente. Me dieron mi primer Guante de Oro, logré entrar a mi primer equipo de Estrellas y, lo mejor de todo, Dios nos bendijo a Mercy y a mí con el nacimiento de nuestro primer hijo, un varón. Lo llamamos Félix

Bernardo y lo apodamos Bernie.

Aunque los Bravos cayeron al quinto puesto en la Liga Nacional del Oeste el siguiente año, también hubo celebraciones notables. Por un lado, en 1970 se celebró el centenario de la franquicia. Además, Aaron conectó su imparable número 3,000, el noveno jugador en la historia del béisbol en lograrlo.

Mi partido más memorable de 1970 fue el 6 de julio, cuando logré seis hits en un partido de nueve entradas. Hasta entonces, sólo diecinueve jugadores de la Liga Nacional habían logrado seis de seis. Ningún jugador de los Bravos lo había logrado.

Estábamos jugando contra los Gigantes de San Francisco en Atlanta y yo estaba haciendo lo que tenía que hacer: batear y correr. Logré un sencillo en la primera entrada, un triple en la tercera, sencillos en la cuarta y quinta y un doble en la séptima. Al final de la séptima entrada, había logrado cinco hits en cinco veces que fui al bate. Lum pensaba que tenía que descansar, pero yo no quería saber nada de eso. Mis compañeros me alentaban.

"Cualquiera puede quedarse en cinco por cinco", me dijo Bob Aspromonte. "No muchos logran un seis por seis y tú puedes lograrlo".

Sabía que nunca me lo perdonaría si dejaba pasar la oportunidad. Finalmente logré otro sencillo en la octava entrada, lo que me dio el seis por seis en un partido de nueve entradas, un récord de los Bravos que mantuve durante 37 años, hasta que Willie Harris lo igualó en 2007. Los Bravos ganaron 12-4.

Aunque 1970 no fue un buen año para los Bravos, fue un buen año para mí. Mi promedio de bateo fue de .310, el más alto de mi carrera en las ligas mayores. Hice 25 dobles, 100 carreras y 16 robadas, también más altos en mi carrera. Me eligieron para el equipo de Estrellas por segunda vez. En 142 partidos y 590 veces al bate, sólo me poncharon 23 veces.

Durante la siguiente temporada, los ojos del mundo del béisbol estuvieron sobre Aaron y Willie Mays, de San Francisco, en su carrera para romper el récord de Babe Ruth de 714 cuadrangulares. No sólo disfrutaba ver cómo crecían los números de jonrones de Aaron, sino que yo bateaba antes que él, lo que significaba que, si estaba en la base, yo anotaba cuando él hacía un jonrón.

50–El Pelotero Agresivo

Un partido de los Bravos que nunca olvidaré fue el del 5 de agosto de 1971, contra los Mets de Nueva York. Lo recuerdo por dos razones: en primer lugar, el partido duró 17 entradas y en segundo lugar, hice 6 dobles jugadas. El partido se jugó en Atlanta, por la noche, y duró cerca de cuatro horas y media. Logramos una carrera en la tercera entrada y los Mets empataron en la quinta. Doce entradas después, los Bravos finalmente anotaron la carrera ganadora.

Me gustaba jugar con los Mets, en especial cuando me daba la oportunidad de ir a Nueva York. Tenía muchos amigos allí y siempre podía contar con reunirme con los fanáticos y otros jugadores latinos para disfrutar una buena comida latina. Nunca importaba que estuviera jugando contra su equipo, para los puertorriqueños de Nueva York yo era puertorriqueño y eso era lo único que importaba.

Hice 120 dobles jugadas en 1971, la mejor temporada de mi carrera. Me eligieron para el equipo de Estrellas de la Liga Nacional por tercer año consecutivo. Al final de la temporada, los Bravos habían ganado poco más de la mitad de los partidos y quedamos terceros en la liga. Esa temporada jugué 143 partidos. Con sólo 22 ponchetes en 577 veces al bate, logré por primera vez ser el jugador más difícil de ponchar en la Liga Nacional.

El año siguiente trajo muchos cambios. Eddie Mathews, tercera base de los Bravos de 1952 a 1966, reemplazó a Lum como mánager a mitad de la temporada. Probablemente era lo mejor para el club, pero para mí era difícil decirle adiós a mi amigo Lum. Jugué sólo 125 partidos en 1972 debido a una lesión. Mi promedio al bate cayó a .257, mientras que mi promedio de fildeo subió a .987. También recibí mi segundo Guante de Oro.

Para el final de la temporada se hizo evidente que los Bravos necesitaban mejorar en los lanzamientos. Como uno de sus mejores jugadores de cuadro, sabía que era un buen candidato para una transferencia, así que no me sorprendí cuando Mathews me dio la noticia. Trató de ser amable y se disculpó, porque sabía que yo amaba a los Bravos. Había estado con ellos mucho tiempo. Me iba a tomar un tiempo adaptarme a otro equipo, a otra ciudad y a otros fanáticos. Dejar los Bravos a finales de 1972 también significaba que no estaría con ellos en la temporada siguiente, cuando todos esperábamos que Aaron rompiera el récord de Ruth. Ansiaba que Mathews omitiera las disculpas y fuera al grano.

"Te vas a los Mets, Félix", me dijo. "Lo siento".

¿Había escuchado bien? ¿Los Mets? ¿Se había olvidado Mathews que yo era puertorriqueño? ¿Sabía cuántos puertorriqueños vivían en Nueva York? ¿Por qué se estaba disculpando? Yo estaba pasmado.

Lo único que me podía hacer más feliz que ir a los Mets era el nacimiento de nuestro segundo hijo, una pequeña niñita que nació poco después de que yo hubiera regresado a Puerto Rico para la temporada de invierno.

Cuando me fui de los Bravos a fines de 1972, había jugado 799 partidos en temporada regular de las ligas mayores. Aunque esa sea la cifra que figura en los registros, también había jugado 404 veces en las ligas menores, además de todos los juegos de béisbol invernal en Puerto Rico. En ese momento perdí la cuenta exacta de todos mis partidos, pero nunca dejé de ser agradecido por tener la oportunidad de cumplir el sueño de mi vida.

De vuelta en Puerto Rico, disfruté otro béisbol invernal con los Criollos. A lo largo de mi carrera, jugaría diecisiete temporadas con ellos y parte de ese tiempo también trabajaba como mánager y mánager general, y un invierno dirigí a los Lobos de Arecibo. Por supuesto, nadie disfrutaba el béisbol invernal en Puerto Rico tanto como mi Papi.

7

Latino Orgulloso

MI PADRE QUERÍA que mis hermanos, hermanas y yo tuviéramos educación porque significaba que tendríamos una vida mejor de la que él y Mami pudieron darnos. Él me inculcó el deseo de tener éxito en cualquier cosa que hiciera. Desde que era un niño, quería hacer las cosas bien para darles a él y a Mami ciertas cosas que nunca tuvieron. Poco después de que empecé a ganar buen dinero, les compré una casa nueva.

En aquel tiempo, vivían en la cima de una colina en La Pica, dónde se habían mudado cuando yo estaba en secundaria. No había una calle que llegara hasta arriba, el único acceso a su casa era un camino peligrosamente empinado. En caso de emergencia, ni ambulancia ni bomberos podían llegar allí; me preocupaba su seguridad y bienestar. Cuando Mercy y yo descubrimos que estaban construyendo unas casas en Yabucoa, decidimos comprarles una. Sabíamos que iban a protestar si se enteraban de antemano, así que lo hicimos a modo de sorpresa.

Tan pronto como terminaron con la construcción, Mercy fue a pintar y amoblar todas las habitaciones, con todos los lujos que Mami nunca había tenido a su alcance, como una estufa, lavadora y un refrigerador. Como suponía, mis padres no se emocionaron mucho con nuestro plan de mudarlos a la ciudad. Pero todo cambió una vez que se instalaron y se hicieron a la idea. Me hacía feliz que mi Mami ya no tuviera que cocinar sobre el fuego directo, o lavar la ropa a mano. Y nada me dio tanto placer como llenarle el refrigerador con muchísima comida.

Mi madre nunca me vio jugar béisbol. Decía que no quería verme salir lastimado. Tal vez, la verdad es que pensaba que no podía permitirse sentarse a ver a los muchachos grandes jugando mientras ella tenía tanto que hacer en la casa.

Papi, al contrario, nunca faltó a un partido cuando jugaba en Puerto

Rico. Y aunque no tenía carro, siempre encontraba a alguien dispuesto a llevarlo a un partido a cambio de boletos gratis. Incluso sin saber leer, se las arreglaba para encontrar mi nombre y las fotos en las páginas de deportes del periódico. Siempre tenía una colección de recortes para presumir delante de sus amigos.

Papi siempre fue una persona amable. Le encantaba hablar con la gente, en especial cuando el tema de conversación era su hijo, el jugador de béisbol en las ligas mayores. Sin embargo, nunca me había visto jugar en persona en las ligas mayores. Cuando entré en el equipo de Estrellas, Mercy y yo decidimos traerlo a Atlanta.

Volar en avión lo ponía nervioso, así que Mercy fue hasta Puerto Rico y lo acompañó en el vuelo. Estaba ansioso por mostrarle todo, presentarle a algunos de los jugadores y hacer que pase un tiempo grato mientras se quedaba con nosotros. Pero nunca me dio la oportunidad. Él insistió en volver a Puerto Rico al día siguiente de haber llegado a Atlanta, sin siquiera haber visto un partido. No importó nuestro empeño en persuadirlo para que se quedara a ver al menos un partido, no quiso saber nada. Decía que la gente no era agradable.

"Nadie me habla", decía.

Por supuesto, el problema era que no hablaba inglés. Mercy estaba tan enfadada que se rehusó a volar de vuelta a San Juan con él, y tuvo que volverse solo. Sé que estaba asustado. Creo que el problema real fue que extrañaba a mi madre.

Incluso si Papi hubiera sido un buen jugador de joven, y aunque hubiera tenido la oportunidad de jugar en las grandes ligas, creo que le hubiera resultado extremadamente difícil adaptarse a la vida en los Estados Unidos. Pese a que el béisbol fue y seguirá siendo un boleto para salir de la pobreza para muchos latinos, muchos no pueden lidiar con los desafíos que esto conlleva, como la separación de su tierra natal y su familia, por no mencionar la barrera idiomática. En su época, Papi también hubiera tenido que lidiar con los problemas raciales de los 1940s y 1950s. Me alegra que no tuviera que pasar por todo eso.

Para cuando llegué a los Estados Unidos en 1964, el béisbol estaba cambiando. Los jugadores de color como Jackie Robinson, Satchel Paige, Willie Mays y Hank Aaron habían pasado de la antigua Ligas Negras a la Liga Mayor de Béisbol. Asimismo, los jugadores latinos que llegaron antes que yo habían comenzado a allanar el camino para los futuros jugadores provenientes del Caribe. Estoy en deuda con Roberto Clemente, Félix Mantilla, Orlando Cepeda y todos los demás que tuvieron que enfrentar prejuicios por el color de piel y las raíces latinas. Si bien las leyes y normas pueden haber cambiado, llevaría tiempo borrar una larga historia de estigmas y prácticas, escritas o no.

El idioma y la pronunciación han sido algo problemático para los latinos desde que empezamos a jugar en las ligas mayores de deportes en los Estados Unidos. Detestaba cuando los redactores imitaban mi pobre inglés mezclado con español al citar mis comentarios fonéticamente. Era embarazoso y humillante, y me hacía parecer tonto. Si no entendía una pregunta o daba una respuesta incorrecta, terminaba siendo objeto de burlas. La palabra que más problemas me dio fue "very". Incluso cuando intencionalmente pronunciaba la "v," lo citaban como que había pronunciado una "b". Si decía: "Baseball has been very good to me" [El béisbol me ha tratado muy bien], me citaban en un maltrecho inglés, "Béisbol been *bery* good to me".

Me pregunto cómo se hubieran sentido esos redactores si la situación hubiera sido al revés. Después de todo, los latinos hicimos lo mejor que pudimos y nos esforzamos por ser bilingües. Por fortuna, los clubes de la Liga Mayor de Béisbol ahora tienen escuelas de idioma que son de gran ayuda para los jugadores que no hablan inglés. Por desgracia, aunque ya no es ni social ni políticamente correcto, burlarse a expensas de los atletas de habla hispana sigue siendo una práctica que continúa hoy.

El idioma era una cosa. El color y la cultura, eran otro tema. Pese a que no lo sufrí tanto como muchos jugadores antes que yo, tuve que lidiar con mi cuota de discriminación en los 1960s y 1970s. Ciertas cosas podía cambiarlas con práctica, como el inglés; lo que no podía cambiar, desde luego, era ser latino. Recuerdo una vez cuando un lanzador me tiró una evidente bola mala.

"¡St-r-r-r-ike!", gritó el árbitro.

"¿Qué está diciendo?", protesté. "Fue una bola mala".

Su respuesta sarcástica me tomó totalmente desprevenido: "¡Es mejor que cortar caña de azúcar en Puerto Rico!"

¿Qué necesidad tenía de decir eso? Sus palabras me hirieron hasta lo más profundo. Él no tenía idea del orgullo que sentía por mi herencia latina. Nunca voy a olvidar ni lamentar de dónde vengo, sin importar cuán humilde haya sido mi pasado. Cuando jugaba al béisbol, jugaba para Puerto Rico. Sabía que representaba a mi isla y quería que mi gente estuviera orgullosa de mí.

Otra experiencia que no voy a olvidar, fue un viaje que hice de Florida a Texas con Glen Clark. Fuimos compañeros de equipo desde Yakima, y ambos habíamos ido a Austin con Kittle. Después de los entrenamientos primaverales con los Bravos en West Palm Beach, era hora de volver a Austin. Clark tenía un hermoso Thunderbird y me invitó a ir con él. Como él era de Texas, tal vez estaba acostumbrado al trato que recibíamos en esa parte del país, pero yo no. Nos detuvimos a almorzar en un restaurante en Mississippi. Un tipo se nos acercó en la puerta principal y nos señaló la parte de atrás del edificio.

"Si quieren algo para comer, vayan por la cocina", dijo.

Clark y yo nos miramos. Obviamente, él había lidiado con este tipo de situaciones antes. "Ni loco", le dije. "Puedes quedarte si quieres, pero yo no voy a comer aquí".

Volvimos a su hermoso Thunderbird y seguimos por la ruta hasta que encontramos un 7-Eleven®. Durante el resto del viaje, los 7-Eleven® fueron nuestros restaurantes.

Nuestros managers y entrenadores siempre nos alentaron a mezclarnos y a sentarnos juntos cuando comíamos en restaurantes, pero siempre terminábamos separados en forma natural, los de color, los blancos y los latinos. Una vez, mientras yo jugaba con los Mets, nos detuvimos en un restaurante en Utica, Nueva York. Estaba sentado con Nino Espinosa, y después de un rato noté que todos los demás jugadores estaban comiendo y a nosotros ni siquiera nos habían tomado la orden. Eso me ofuscó y llamé al camarero a nuestra mesa.

"¿Qué sucede?", pregunté en un volumen que se pudiera escuchar en todo el restaurante. "Todos están comiendo, ¡y usted ni siquiera tomó nuestra orden!"

Para ese momento, nuestro mánager, Yogi Berra, se había acercado a nuestra mesa. El camarero se disculpó, pero el daño ya estaba hecho.

No estaba de humor para disculpas y ya había perdido por completo el apetito.

El color de mi piel no importaba en Puerto Rico; la gente celebraba mis logros. Por ejemplo, al poco tiempo de haber ingresado a los Bravos, Yabucoa organizó un gran evento para honrar a los dos jugadores nativos de allí que jugaban en las grandes ligas, Jerry Morales, que en aquel tiempo jugaba con los Padres, y yo. Había comenzado a acostumbrarme a jugar al béisbol ante grandes multitudes, pero fuera del campo todavía era muy tímido.

En esta oportunidad, a Mercy y a mí nos trataron como celebridades, lo que me incomodó bastante. Nos fueron a buscar al aeropuerto de San Juan, nos escoltaron hasta Yabucoa, nos llevaron en un convertible y desfilaron por toda la ciudad. A Mercy le encantó; sonreía y saludaba a la multitud mientras yo me moría de la vergüenza por tanta atención. Fue una gran celebración para nuestro pueblo, con fuegos artificiales y música en vivo, todo transmitido por la radio local. Ivy Ortiz, el hombre que me había comprado mi primer guante, estaba allí también, dirigiendo la orquesta de Sugar Kings; incluso escribió una canción para mí.

Con el tiempo, comencé a aceptar la fama que conlleva ser un jugador de las ligas mayores. Lo que sí disfrutaba eran los fanáticos, especialmente los niños. Soy un blandengue cuando se trata de niños. Solía firmarles autógrafos hasta que el último niño se iba del estadio, mientras Mercy me esperaba en el carro con nuestros hijos. Odiaba ver a un jugador empujar a un niño y rehusarse a firmarle un autógrafo. Nada me rompía el corazón como ver una pequeña carita feliz disolverse al borde de las lágrimas, con la boca hacia abajo y los hombros deprimidos mientras se alejaba. Lo único que tenía que hacer era firmar mi nombre o batear algunas bolas en un estacionamiento, y podía lograr que un niño se fuera a casa con una gran sonrisa.

Una vez estábamos en Filadelfia con los Bravos y me llamaron porque un niño estaba molestando al recepcionista de nuestro hotel.

"Hay un joven aquí llamado Ricky que dice ser su primo", dijo.

"¿Ricky Pinto?", le pregunté.

"¿Lo conoce?", la voz del otro lado del teléfono sonó sorprendida.

"Por supuesto que lo conozco", le dije, "es mi primo".

Miré a mi compañero de habitación y dije: "Ven, Aaron, quiero presentarte a alguien". Ricky vivía con su madre en un área de bajos recursos de Filadelfia, y siempre que me veía jugar béisbol en televisión ella le decía: "Ese es tu primo".

"No, mamá, ese no es mi primo", le respondía él. "Ese es Félix Millán".

Ricky decidió descubrir por sí solo si en verdad éramos familiares. Me alegra que haya persistido hasta encontrarme en ese hotel en Filadelfia. Hasta el día de hoy somos muy apegados y nunca se cansa de contarle a la gente sobre nuestro encuentro en el lobby del hotel, o sobre aquella otra vez cuando Hank y Tommie Aaron y yo fuimos a su barrio. Lo único que hicimos fue aparecer, batear unas cuantas bolas con los niños y les alegramos el día a él y a sus amigos. Siempre me hizo sentir bien hacer ese tipo de cosas por los niños. Es la parte de ser una celebridad del béisbol que me hizo más feliz.

8

Con los Mets

NO SÉ QUIÉN ESTABA MÁS EMOCIONADO sobre mi contrato con los Mets, Mercy, Papi o los puertorriqueños de Nueva York. Para Mercy, significó vivir cerca de muchos de nuestros amigos latinos durante la temporada de béisbol. Para Papi, significó poder hablar con mucha gente cuando venía a los Estados Unidos. Y para los puertorriqueños fanáticos de los Mets, significó poder alentar a uno de ellos cada día. Estaba listo para mudarme a Nueva York.

Sin embargo, nadie estaba preparado para los trágicos eventos que sucedieron en vísperas de Año Nuevo en 1972, cuando Roberto Clemente falleció en un accidente aéreo en la costa de Puerto Rico. Roberto tenía un gran corazón; él distribuyó personalmente suministros a las víctimas del terremoto del 23 de diciembre en Managua, Nicaragua. Había invitado a algunos amigos a ir con él en esa misión piadosa, incluso a algunos jugadores puertorriqueños, pero la mayoría dijo que no, no en las vísperas de Año Nuevo. Ese es el momento en que las familias puertorriqueñas se reúnen. Incluso si no estamos juntos en otro momento, queremos estar rodeados por nuestras familias cuando comienza un año nuevo; es una tradición. Ni siquiera imaginamos estar lejos de casa esa noche.

La noticia sobre la tragedia azotó la isla como una tormenta de verano. Muchos estaban celebrando en fiestas de vísperas de Año Nuevo. Yo estaba durmiendo en casa en Río Piedras, cuando mi buen amigo Rafael Aguayo me despertó por teléfono cerca de las dos de la madrugada.

"Clemente falleció", dijo con voz temblorosa.

"¿Qué dices?", pregunté.

"Su avión cayó en el océano, está muerto".

Los jugadores de béisbol en Puerto Rico son como una hermandad. Puede que juguemos en equipos contrarios, pero somos amigos. Puede que nos insultemos en el campo de juego, pero nos reímos juntos en la mesa durante la cena. Cuando falleció Clemente, perdimos a un hermano. Recuerdo cómo su padre me abrazaba del cuello en el funeral.

"¿Crees que lo van a encontrar, Félix?", me preguntó.

Había tanta esperanza en su voz. Busqué en vano palabras de consuelo. Para ese entonces, sabía que había pocas probabilidades de encontrar a Roberto en las aguas infestadas de tiburones que bordeaban la costa de nuestra isla. Mi corazón sufría por su familia.

"Van a hacer lo posible", dije. ¿Qué otra cosa podía decir?

Es posible que los fanáticos de béisbol de la parte hispana de Harlem en Nueva York fueran leales a los Mets y a los Yankees, pero si había un puertorriqueño en el equipo contrario, alentaban a los puertorriqueños: a Clemente y José Pagan de los Piratas, a Sandy Alomar con los Angelinos, a Cepeda y a mí con los Bravos, y a cualquier otro puertorriqueño que jugara en las ligas mayores. Éramos puertorriqueños y siempre tuvimos un lugar afectuoso adónde ir mientras estábamos en Nueva York. No obstante, los fanáticos de los Mets ansiaban tener un puertorriqueño en su equipo.

Me esforcé para que mi gente se sintiera orgullosa de mí cuando los Bravos jugaban contra los Mets en Nueva York, pero nunca pude batear bien frente a Seaver. Ahora estaba en su equipo y no podía sentirme más feliz. Físicamente, me encontraba en mi mejor nivel en la primavera de 1973 y pensaba que mis mejores años en el béisbol todavía estaban por venir. En las tres temporadas anteriores, los Mets habían terminado en el tercer lugar de la Liga Nacional del Este, pero creía que todavía tenían un espíritu ganador.

Tenían un fabuloso grupo de jugadores para trabajar. Cinco de los jugadores de 1969 todavía estaban allí: Seaver, Jerry Grote, Jerry Koosman, Tug McGraw y Bud Harrelson. Cuando fui a los Mets, también habían enviado a Rusty Staub y Willie Mays; John Milner y Jon Matlack llegaron de las ligas menores. Yogi Berra era nuestro mánager. Desde mi primer día en el campo de entrenamiento, sentí como si hubiera sido parte del equipo desde siempre.

Los Mets habían perdido cerca de quince partidos en 1972 debido a su incapacidad de lograr una doble jugada. Sabía que Yogi esperaba que yo lo ayudara a cambiar eso. Con Harrelson como campocorto, teníamos el talento para hacerlo.

Yogi tenía una manera de sacar lo mejor de mí. Nunca creí en dar el 110% porque eso implicaba tomar serios riesgos y podía resultar en errores; pero el 90% tampoco era aceptable. Eso significa que no doy todo lo que soy capaz de dar. Lo mejor que puedo dar es el 100%. Eso es lo que yo esperaba de mí, salvo quizá por Yogi. Si hubiera sido posible, le hubiera dado 120%.

En mi primera temporada en Nueva York, fui el primer jugador en anotar en el día de apertura, lo que culminó en el jonrón de Cleon Jones. Eso pareció preparar el terreno para lo que sería un muy buen año para mí. Los Mets, sin embargo, tuvieron un comienzo dudoso.

Como todo jugador en la Liga Mayor de Béisbol, soñaba con ganar un título mundial. Tenía grandes esperanzas de ir a la Serie Mundial con los Mets; pero a medida que avanzaba la temporada, parecía que no iba a ocurrir en 1973. A mediados de agosto, estábamos hundidos en lo más bajo de la liga. Nada menos que otro milagro como el de 1969 podría llevarnos a la serie. Por fortuna, un compañero de equipo mantuvo las esperanzas e inspiró al resto del equipo para dar lo mejor.

McGraw era el creyente. El empezó a insistirnos con la famosa frase: "Tienen que creer". Al poco tiempo nos convirtió a todos en creyentes. Si queríamos lograrlo, teníamos que trabajar por ello y es lo que hicimos. Ganamos 24 de nuestros últimos 33 partidos en la temporada regular. Con tan solo 82 partidos ganados, apenas logramos alcanzar el primer puesto de la Liga Nacional del Este.

Para continuar confundiendo a los contrarios, derrotamos a los favoritos, los Rojos de Cincinnati, por el banderín de la Liga Nacional. Una vez más, los Mets habían escalado desde el fondo hasta el primer puesto en la liga. Estábamos en camino a la Serie Mundial. Claramente, llevábamos las de perder frente a los Atléticos de Oakland de la Liga Americana. Pero así y todo, hicimos lo que todos dijeron que no podríamos hacer.

Viajamos a California para el primero de los dos partidos de la serie en el Oakland-Alameda County Coliseum. Pese a que ningún equipo jugó bien, los Atléticos ganaron el primer partido el 13 de octubre. Por desgracia, cometí el error más humillante de mi carrera en ese partido cuando

Bert Campaneris bateó un roletazo directo hacia mí.

No sé cuántas veces había agarrado bolas rasas como esa. Esperaba a que la bola rebotara, la recogía y la lanzaba para el out. Lo había hecho tantas veces que podía hacerlo hasta dormido. Sin embargo, la bola rasa de Campaneris no rebotó; rodó justo por debajo de mi guante. ¡Increíble! Dejé que una rola fácil pasara por entre mis pies. En una Serie Mundial, nada menos.

Mentalmente, estaba entre la incredulidad, vergüenza, enojo y humillación. Recuerdo mirar a las gradas donde Mercy se sentaba. Podía verla muriendo de vergüenza por mí. Sólo me quedé ahí y encogí los hombros.

Para cuando comencé a asumir la realidad de mi error, no quería hablar con nadie, especialmente con los reporteros y mucho menos con mis compañeros de equipo. Hicieron lo posible por consolarme y ayudarme a recuperar mi juego. Uno tras otro me decían que lo olvidara. El entrenador defensivo, Roy McMillan, insistió en que le podía pasar a cualquiera.

Sí, pensaba yo, le puede pasar a cualquiera, pero esto no le pasa a Félix Millán. Soy el chico de quien dependen mis compañeros de equipo y los defraudé.

Mays dijo que imaginó que yo preferiría haber muerto que enfrentar a mis compañeros de equipo después de perder ese roletazo, y tenía razón. A pesar de todos sus esfuerzos por darme su apoyo, no podía deshacer lo que había hecho. El comentario de mi agente, Matt Mariola, tampoco ayudó en nada.

"Ahora todos te conocen, Félix", me dijo, tratando de hacer una broma.

No quería que me conocieran por eso. Un jugador quiere que lo recuerden por sus buenas jugadas y yo había hecho muchas. El comentario que fue más significativo para mí, lo hizo Yogi.

"Ojalá todas los bateos fueran hacia Félix", le dijo a los reporteros.

Si bien su confianza significaba mucho, no borraba el error en mi récord. Aun hoy, cuando en ocasiones veo un video de ese error en televisión; ¡siempre miro atento pensando que quizá la próxima vez la voy a atrapar!

Por supuesto, no es necesario ver o jugar muchos partidos para darse cuenta de que todos cometen errores. Sin importar lo que hagas en tu vida, hay un 100% de probabilidades de que cometas alguno. Cuando era un jugador joven, me enorgullecía no cometer errores. Practicaba y practicaba y practicaba para volverme un jugador del que pudieran depender mis compañeros de equipo para lograr el objetivo.

Pero nadie es perfecto; tarde o temprano, metemos la pata. Perder ese roletazo me enseñó grandes lecciones, ninguna tan importante como el poco sentido que tenía torturarme por un error cometido. La lección que aprendí es la siguiente: Dale a la gente un motivo para confiar en ti y te perdonarán, incluso cuando metas la pata. Tienes que aprender a perdonarte, reconocer tus puntos débiles, trabajar en ellos y hacerlo mejor la próxima vez. Eso es lo que tenía que hacer.

Me tragué mi orgullo, me recordé a mi mismo lo que era capaz de hacer y volví al trabajo. Me fue mucho mejor en el segundo partido, en el cual pasaron doce entradas y duró más de cuatro horas hasta que finalmente pudimos pasar al frente y terminar 10-7. En ese partido hice una de las mejores jugadas defensivas de la serie cuando corrí al jardín derecho a buscar una bola bateada al aire por Ray Fosse. Esa sí es una jugada por la que me gustaría que me recuerden.

Cuando la serie pasó al Shea Stadium, los Atléticos ganaron el tercer partido y nosotros ganamos el cuarto y el quinto. Al volver a California, Oakland se quedó con el sexto partido y empató la serie, lo que derivó en un séptimo partido. A pesar de que los Atléticos ganaron el partido y el título, en una serie plagada de errores y bateos deficientes, los Mets habían logrado dar otra sorpresa en la temporada. No sólo llegamos a la serie; la llevamos a jugar siete partidos.

No ganamos la única Serie Mundial en la que iba a poder jugar, pero estoy agradecido de haber tenido la oportunidad. Así son las cosas en la vida. A veces la bendición está en simplemente tener una oportunidad de jugar un partido.

Jugué 153 partidos en la temporada regular en 1973, más que cualquier otro Met ese año. Con un promedio de .290, era el líder del equipo en bateo. Demostré ser un bateador sólido y constante, con tan solo 22 ponchetes en 638 veces al bate, un récord en la temporada con los Mets que mantuve hasta 2005. Y recuperé mi posición en la Liga Nacional de

1971 como el hombre más difícil de ponchar.

También establecí los récords de temporada con los Mets con 185 hits, 18 toques de sacrificio, 82 carreras, 155 sencillos y 4 triples. Alcancé el promedio de fildeo más alto de mi carrera con .989; cometí sólo 9 errores, la mayoría en lanzamientos. Con 16 hits y un promedio de bateo de .300, gané el premio al jugador de la semana en la Liga Nacional en la semana del 17 de junio. Los redactores deportivos de Nueva York me llamaron el jugador más valioso de los Mets del año.

Después de la Serie Mundial, volví a Caguas en la que resultó ser una de las mejores temporadas para mis Criollos. Primero, ganamos el título en la Liga de Puerto Rico por primera vez desde 1968. Luego, ganamos la Serie Mundial del Caribe en 1974, algo que los Criollos no habían logrado en veinte años. Los fanáticos del béisbol de Yabucoa estaban particularmente orgullosos de tener a sus dos jugadores nativos que jugaban en las ligas mayores, Morales y yo, en el equipo ganador de Puerto Rico. Había otra razón para que estuvieran felices.

A fines de la temporada del año 1973, los Padres intercambiaron a Morales con los Cachorros, lo que implicó que Yabucoa tuviera jugadores nativos en Chicago y Nueva York, dos ciudades con gran cantidad de habitantes puertorriqueños. Cuando los Mets jugaban con los Cachorros, los fanáticos en Yabucoa solían viajar a Nueva York o Chicago para los partidos. Traían carteles que decían: "YABUCOA ESTÁ ORGULLOSA DE FÉLIX MILLÁN Y JERRY MORALES". No importaba qué equipo ganara, porque de todas formas, Yabucoa tenía un ganador.

Eran buenas épocas para mi pueblo natal y nadie lo disfrutaba tanto como mi Papi. Por desgracia, ni los Mets ni los Cachorros cumplirían con las expectativas de sus fanáticos en 1974.

9

Tiempos Difíciles

MIENTRAS CON LOS METS LUCHÁBAMOS por abrirnos camino hacia la Serie Mundial de 1973, yo continué viendo cómo mi amigo Aaron avanzaba a puro golpe hacia el récord de 714 jonrones de Babe Ruth. El mundo del béisbol esperaba que lo empatara en 1973, pero terminó la temporada con uno menos. Esperaríamos hasta principios de la temporada de 1974 para que rompiera el récord.

Estaba en Nueva York, mirando televisión cuando igualó el récord el 4 de abril, igual que el 8 de abril, cuando el hit número 715 contra los Dodgers de Los Ángeles en Atlanta. Recuerdo ver a Tom House, el lanzador relevista de los Bravos, alcanzar y atrapar la famosa pelota que fue hacia el bullpen; y luego se la entregó personalmente a Aaron. Cómo desearía haber podido estar allí, en ese momento tan emocionante en la historia del béisbol.

Para mí, la temporada de 1974 comenzó con mucha menos fanfarria, por supuesto, sin embargo comenzó muy bien cuando Ted Martínez gentilmente me ofreció su número 17; la temporada anterior yo había usado la número 16. Aunque nunca esperé volver a utilizar mi viejo número, se sintió bien tenerlo de vuelta. Usaría el número 17 por el resto de los años con los Mets.

Con 5 pies, 10 pulgadas de alto y 172 libras, soy relativamente pequeño comparado con la mayoría de los jugadores en las ligas mayores, pero el mío era un juego físico. Cuando estuve con los Bravos, recuerdo una vez en que estaba atacando duro a Johnny Bench, receptor de los Rojos de Cincinnati. Parecía que estaba intentando golpearlo fuera del estadio. Lo hice otra vez con J.C. Martin, que en aquel tiempo jugaba con los Mets. Tenía que jugar duro; de otra forma, podría lastimarme.

Por supuesto, en el calor de un partido, el carácter se intensifica, y el mío no era la excepción. Recuerdo que Don Sutton de los Dodgers me golpeó con un lanzamiento. Había bateado un jonrón contra él en el partido anterior. Los lanzadores nunca esperaban que yo bateara jonrones; cuando lo hacía, se sentían insultados. Sutton quería desquitarse conmigo y yo no iba a permitírselo. Estaba listo para enfrentarlo en el campo. Por fortuna, entramos en razón antes de llegar a los golpes. Después de eso, siempre que nos encontramos, Sutton se ríe, y silba. Todo se perdonó.

La mayoría de las confrontaciones entre jugadores son sólo orales. Una vez, por ejemplo, Dave Campbell de los Bravos me tiró una deslizadora. Hice un buen contacto y bateé una línea recta entre la primera y segunda base. Creo que él pensó en tratar de avergonzarme.

"¡Batea la bola como un hombre!", gritó.

"Yo las bateo como tú las lanzas", le respondí con una sonrisa.

Un jugador siempre recuerda partidos por varias razones diferentes. Nunca olvidaré un partido en 1974 con 25 entradas, uno de los partidos más largos en la historia de las ligas mayores. Jugamos contra los Cardenales de San Luis en el Shea Stadium el 11 de septiembre. Cada equipo hizo una anotación en la primera entrada. Los Mets pasaron al frente por dos en la quinta, y los Cardenales nos igualaron en la parte alta de la novena entrada, empatando el partido 3-3. Dieciséis entradas después, St. Louis anotó y ganó el partido. Una vez que terminó todo, alrededor de las tres de la mañana, había estado al bate 12 veces.

Era una vez más el hombre más difícil de ponchar en la Liga Nacional en 1974. En 518 veces que estuve al bate, me poncharon sólo 14 veces, un récord que se mantiene en los Mets hasta la fecha. También llevé la delantera en los Mets con 121 sencillos, y en la Liga Nacional con 24 toques de sacrificio. En defensa, terminé la temporada con un promedio de fildeo de .979. Por desgracia, el récord de 71 partidos ganados frente a 90 perdidos nos ponía en el quinto puesto de la Liga Nacional del Este. Sólo los Cachorros tuvieron un récord peor que el nuestro en la división. Fue un año malo para los fanáticos de los Mets y de los Cachorros en todos lados, y en especial, para aquellos allá en casa, en Yabucoa.

Mis estadísticas continuaron en aumento en 1975. Con sólo 28 ponchetes en el récord de mi carrera de 676 veces al bate, fui el hombre más difícil de ponchar por cuarta vez en cinco años. También igualé mi logro en los Bravos cuando me convertí en el primer hombre en la historia de los Mets en jugar 162 partidos en una temporada regular. Tenía 191 hits, el más alto en la temporada del equipo y jugué 1,456 entradas, otro número sin precedentes en la temporada.

Durante mi carrera en los Mets, jugué nueve partidos en los que obtuve cuatro o más hits. El más famoso involucraba a un compañero de equipo de mi época con los Bravos, Joe Torre. Después de un intercambio con los Cardenales de San Luis en 1969, llegó a los Mets en 1975. Bateé delante de él en un partido contra Houston el 21 de junio. Bateé cuatro singles, y Torre siguió con cuatro roletas permitiéndole a los Astros cuatro fáciles dobles jugadas. Estableció un récord en la Liga Nacional por batear cuatro dobles jugadas en un solo partido, y generosamente, me dio crédito por las "asistencias".

Los Mets lograron ascender al tercer puesto en la división en 1975; pero no fue suficiente. En agosto de 1976, el entrenador Roy McMillan reemplazó a Yogi por el resto de la temporada. Si bien tuve un buen comienzo en 1976, con un promedio de bateo de .346 a fines de abril, para cuando terminó la temporada había disminuido a .282. Estuve al bate 531 veces, y me poncharon 19 veces, ubicándome en el segundo lugar en la Liga Nacional por número de ponchetes por cantidad de veces al bate. Mi promedio de fildeo era un sólido .977. Por cuarto año consecutivo, estuve al frente de los Mets en sencillos.

Joe Frazier se unió al equipo para dirigir a los Mets en octubre de 1977. Tenía intención de hacer muchos de cambios que no funcionaron. Por ejemplo, quería cambiar mi estilo de bateo. Cuando dijo que podía convertirme en un potente bateador, me reí.

"Mira mi cuerpo", dije, señalando mi estructura de 172 libras. "¿Esto es lo que llamas un bateador potente?"

También había otros grandes cambios para los Mets en 1977. Seaver fue a Cincinnati en un intercambio altamente controversial que enfureció a los fanáticos de los Mets. Después de todo, Seaver era la cara de la franquicia. ¿Por qué un club cambiaría a su mejor lanzador? No tenía sentido para mí. Al poco tiempo Frazier quedó fuera, y Torre lo reemplazó. A medida que aparecían nuevos nombres en la lista de los Mets, el equipo simplemente no pudo mantener su rendimiento y terminamos en último lugar en 1977. Sin embargo, no jugué durante las últimas semanas de la temporada.

Cuando entré al Three Rivers Stadium el 12 de agosto no tenía idea de que sería mi último partido con los Mets. Ciertamente, no fue la forma en que un jugador sueña con finalizar su carrera en la Liga Mayor de Béisbol.

Jugamos contra los "aguerridos" los Piratas de Pittsburgh en el segundo partido de un doble juego, y empatábamos 3-3 en la sexta entrada. Los Piratas tenían hombres en primera y segunda base cuando el bateador golpeó un roletazo lento al campocorto Doug Flynn, quien la levantó y me la lanzó para anotar un doble. De repente, el corredor de primera me golpeó desde atrás como si fuera un jugador de fútbol, y me tiró de cara al piso. Me levanté escupiendo y gritando, y con la bola todavía en el puño, lo golpeé en el medio de la cara. Estaba preparado para recibir el contragolpe de un hombre que debía pesar 25 libras más que yo. Sin embargo, en lugar de devolver el golpe, me levantó de las piernas y me tiró al piso. Resulta ser que este hombre, Ed Ott, había sido luchador y jugador de fútbol en la secundaria. Las bancas se vaciaron y mis compañeros de equipo me sacaron en una camilla. Suspendieron a Ott y yo fui a cirugía con una clavícula rota, un hombro dislocado y el orgullo gravemente herido.

Los Piratas ganaron el partido en la doceava entrada, ubicándolos en el segundo lugar en la División del Este. El resultado apenas se mencionó en las noticias deportivas del día siguiente; en cambio, todos los titulares eran sobre la pelea. El escritor Fred McMane notó en ese momento que los Piratas lideraban la Liga Nacional en peleas y en hacer vaciar las bancas, lo que sugería que posiblemente también terminarían con la mayor cantidad de jugadores suspendidos en 1977.

Ott y yo nos disculpamos, y el dueño de los Piratas me escribió una carta muy amable, disculpándose también. Algunos pensaron que yo debería haberlos demandado, pero no lo hice. Una demanda no borraría lo ocurrido. Después de todo, se trataba del béisbol, el juego que yo amaba. En mi última temporada con los Mets, jugué sólo 91 partidos, estuve al bate 314 veces y me poncharon sólo en 9 veces. A pesar de que mantuve mi promedio de fildeo de .977, mi promedio de bateo decayó a .248.

Un punto positivo de 1977 fue la creación de la Pequeña Liga Félix

Millán. Manny Rodriguez se sentía responsable por los niños de New York City, en especial por los latinos; quería darles algo para hacer durante el verano. ¿Qué podía ser mejor que el béisbol? Estábamos encantados cuando cuarenta niños se inscribieron para la primera temporada. Hoy, más de quinientos juegan en la liga, muchos de ellos son los hijos de los jugadores originales.

Mientras esperaba que sane mi hombro, se presentó otra oportunidad que me resultó atractiva. Un ex compañero de los Bravos, Clete Boyer, que había jugado en la tercera base en Japón desde 1972 a 1975, me recomendó a las Taiyo Ballenas de Yokohama, que ahora son los BayStars de Yokohama, de la Liga Central de Japón.

Mercy y yo hablamos sobre el tema, y como ante cada decisión importante en nuestras vidas, también oramos al respecto. Visitamos Japón cuando jugué durante unos partidos de exhibición y nos había gustado mucho. Cuánto más lo considerábamos, más nos parecía que disfrutaríamos vivir en Japón por un tiempo. Ciertamente sería una buena experiencia para nuestros hijos también. Le dije a la gente en Yokohama: "Muéstrenme el dinero", y cerramos el trato.

Pese a que estaba emocionado por ir a Japón, dejar Nueva York y el Shea Stadium era como irme de casa. Tengo fabulosos recuerdos de mis días en el Shea, y gran parte de mi corazón quedará por siempre allí. Hace un tiempo, compartí esos sentimientos con un presentador de televisión y miembro del Salón de la Fama, Ralph Kiner, cuando comenté "Es bueno estar en casa".

"Pensaba que Puerto Rico era tu casa", dijo.

"El Shea Stadium siempre será mi casa", le respondí.

El tiempo cambia las cosas, por supuesto, y mi querido Shea Stadium es historia. Fue un buen lugar para mí. Buenos tiempos, buena gente, buenos recuerdos. Espero haberles dado buenos momentos también a los fanáticos.

Cuando mi carrera en las ligas mayores llegaba a su fin, había estado al bate 5,791 veces en 1,480 partidos, y me habían ponchado sólo 242 veces. En defensa, jugué 12,666 entradas, hice 3,495 outs realizados, 3,846 asistencias y 855 dobles jugadas. Tuve un promedio de fildeo de .980 por doce años.

Extrañaría Nueva York y a los Mets al mudarme a Japón, a miles de millas de distancia; pero no tenía idea de cuánto disfrutaría jugar al béisbol allí, o las bendiciones que me esperaban tanto a mí como a mi familia. Mi experiencia en Japón confirmaría mi fe en que nuestro Dios, que conoce el fin desde el comienzo, tiene un plan para cada vida. Lo creo con todo mi corazón.

10

Hombre de Familia

GRACIAS A DIOS MERCY ESTUVO A MI LADO todos esos años. Ella es mi ayudante, mi asesora, mi animadora, mi alentadora, y es mi mejor amiga. Desde el día en que nos casamos, me ayudó a poner mis sueños en orden.

Cuando le dije que tenía la oportunidad de ser un jugador de béisbol profesional, me alentó para que lo intentara. Cuando no encontraba algún chico con quien practicar, Mercy venía al parque y me lanzaba las pelotas. Cuando me sentí desalentado y quise renunciar a las ligas menores, ella me advirtió sobre los remordimientos.

"Dale otra oportunidad", me dijo.

Siempre podía contar con ella alentándome como loca cuando hacía buenas jugadas, y en especial cuando bateaba alguno de esos poco frecuentes jonrones; e incluso cuando metí la pata, ella estuvo conmigo.

Y durante todo ese tiempo, se las arregló para atender las cosas en casa también. Se encargaba de la mudanza cada vez que me reubicaban. Se ocupaba de la educación de nuestros hijos y de las idas y venidas entre los Estados Unidos y Puerto Rico. Se encargaba de la disciplina, cuando era necesario. Cuando compramos la casa para mis padres, ella se encargó de pintar y elegir los muebles. También supervisó la construcción de nuestra casa.

El padre de Mercy nos dio una bonita porción de tierra en Río Piedras, después de que nos casamos, y mi tío Andrés aceptó construirnos una casa. En aquel tiempo, Mercy trabajaba en una farmacia, el único trabajo que tuvo además de ser madre a tiempo completo y esposa de un jugador de béisbol, lo cual admito que no era la combinación más sencilla.

Durante los dos años que duró la construcción, Mercy se aseguró de que los obreros tuvieran todos los insumos necesarios; incluso les preparaba el desayuno y el almuerzo. Cuando terminaron con nuestra casa, era un hogar confortable con tres habitaciones, dos porches y una habitación aparte para los premios de béisbol y las fotografías que estaba recolectando. La casa quedó justo como queríamos, y vivimos allí por casi veinte años. Hoy aloja una imprenta.

Mercy y yo queríamos empezar una familia apenas nos casamos, pero aparentemente eso no estaba en los planes de Dios. Mientras tanto, fuimos padrinos de Mercedita. La pequeña había comenzado a pasar tanto tiempo con nosotros que eventualmente su madre nos pidió que la lleváramos con nosotros. Con Mercedita tuvimos una familia, pero deseábamos darle hermanos y hermanas. Después de siete largos años, finalmente sucedió.

Éramos la pareja más feliz sobre la faz de la tierra cuando nos enteramos de que Mercy estaba embarazada de nuestro primer hijo. Hizo todo lo que pudo por asegurarse de que tuviéramos un niño saludable: cuidó su dieta, siguió las instrucciones del médico, leyó libros y panfletos. Incluso pasó bastante tiempo leyendo la Biblia. A Mercy le encantaba leer y yo la admiraba por eso.

Yo estaba jugando béisbol invernal en Puerto Rico cuando nació Bernie en diciembre de 1969, en el Hospital Presbiteriano en Santurce. Había soñado con tener un hijo desde que era un soldado solitario en Georgia. Al fin mi sueño se había hecho realidad. A partir de ese día, mi vida cambió; sólo quería lo mejor para Bernie.

Cuando tenía que estar fuera de casa para jugar béisbol en otras ciudades, no podía aguantar las ganas de llegar a casa y jugar con mi hijo. Lo miraba y veía un pequeño futuro jugador de béisbol. A la vez, deseaba de corazón que nunca tuviera que enfrentar algunos de los desafíos que se me presentaron, en especial por ser latino. Quería asegurarme de que aprendiera inglés, pero sus primeras palabras fueron en español, por supuesto, ya que era el idioma que hablábamos en casa. Una vez, cuando tenía cerca de tres años, lo encontré saltando en nuestra cama y lo regañé.

"¡No brinques más en la cama o la vas a romper!"

Su mirada triste, con sus grandes ojos marrones, me derritió el corazón. "Daddy, I didn't mean to do it" [Papi, no quise hacerlo"], me dijo en perfecto inglés.

Todavía se me llenan los ojos de lágrimas al pensar en ese momento, cuando me di cuenta de que mi hijo podía hablar inglés sin rastro de acento español. Uno de mis sueños más ansiados para él se había vuelto realidad. Mi hijo nunca tendría que enfrentar la barrera idiomática como yo.

Bernie tuvo una fanática desde el día en que nació. Una amiga de Mercy, Gladys de la Cruz, amaba al pequeño. Mercy y Gladys unidas como hermanas pasaban mucho tiempo juntas cuando estábamos en Río Piedras. De hecho, Gladys solía llevar a Bernie a la Iglesia Adventista del Séptimo Día los sábados por la mañana.

Después de un partido de viernes por la noche, a Mercy y a mí nos gustaba dormir hasta tarde al otro día; pero cerca de las ocho de la mañana nos despertaban unos fuertes golpes en la puerta del frente. Era Gladys que venía a buscar a Bernie. Mercy abría la puerta en bata, se disculpaba y le explicaba que el niño todavía no estaba vestido.

"No te preocupes. Yo me ocupo", decía. "Tu vuelve a la cama".

Gladys bañaba a Bernie, lo vestía, le daba de comer y se lo llevaba con ella. Puede que no nos gustara que nos despertara los sábados a las ocho de la mañana, pero nunca nos preocupábamos cuando Bernie estaba con Gladys.

En 1972, tres años después del nacimiento de Bernie, Dios nos bendijo con nuestro segundo hijo, el mismo año en que recibí mi segundo Guante de Oro. Por fortuna, otra vez estaba jugando béisbol invernal en Puerto Rico, por lo cual estuve presente también para su nacimiento, en el mismo hospital donde nació Bernie. Mercy y yo acordamos que si era una niña, la llamaríamos Femerlix, una combinación de nuestros nombres; pero cuando le dije a la enfermera el nombre que tenía que poner en el acta de nacimiento, me miró con el ceño fruncido.

"Suena a nombre de varón", me dijo.

No quería que mi pequeña tuviera un nombre masculino, así que sin siquiera consultarlo con Mercy, cambié la última letra "x" por una "e", y la llamé Femerlie. Mercy no estaba contenta conmigo, pero tuvimos un bebé sano y eso es lo que importaba. Nuestra hija era una niña decidida y rara vez sonreía. Siempre vi la personalidad de mi madre en ella y es hasta el día de hoy que cuando miro a Femerlie, veo a Mami.

Me encantaba pasar tiempo con mis hijos; de hecho, les enseñé a silbar. Se convirtió en algo así como una marca registrada de la familia y nos divertimos mucho con ella.

Cuando llegó el momento de que los niños fueran a la escuela, asumí que irían a una escuela pública, pero Mercy quería que asistieran a una academia adventista cerca de casa, en Río Piedras, porque tenía buena reputación. A los chicos les gustó la escuela y yo estaba a gusto sabiendo que recibían buena educación así como formación cristiana.

Durante la temporada regular de béisbol, Mercedita, Bernie y Femerlie estaban en Nueva York con nosotros. Cada otoño, antes de que empezara la escuela, ellos volvían a Puerto Rico y se quedaban con mi tío Andrés y mi tía Oti hasta que Mercy y yo pudiéramos reunirnos con ellos después de los partidos postemporada.

Mercy siempre estuvo interesada en la salud. Un verano mientras estábamos en Nueva York, tomó una clase de cocina vegetariana. Nunca olvidaré el día en que vino a casa con dos grandes bolsas de alimentos enlatados de los que nunca había oído nombrar. Me miró con una cara seria que había visto pocas veces durante nuestra vida de casados.

"Félix, tenemos que hablar", anunció.

No podía imaginar lo que pasaba por su cabeza; no creía haber hecho nada malo. Entonces me empezó a contar lo que había aprendido en la clase de cocina, y me explicó por qué debíamos comer esto y por qué no debíamos comer lo otro.

Tomé una lata de la bolsa y leí la etiqueta. "¿Qué es esta Vege-Burger?", pregunté.

"La necesito para algunas de las recetas vegetarianas en la clase de cocina", dijo. Yo dudé por un momento…

"Bien, supongo que podemos probarla", dije.

Francamente, tenía mis dudas, pero Mercy es muy buena cocinera y pensé que al menos debería dejar que lo intente. Así era con Mercy. Ella tenía buen criterio y yo aprendí que usualmente era mejor escucharla. Si bien no nos volvimos vegetarianos, los platos que preparaba eran buenos y comenzamos a prestar más atención para ingerir una dieta más saludable de lo que acostumbrábamos.

Cuando estábamos en Puerto Rico, a menudo Mercy asistía a la iglesia con Gladys y los niños, y yo iba si no tenía un partido. No notamos la influencia que la escuela y la iglesia tenían en nuestros hijos hasta que un día Mercedita se sintió ofendida por un comentario enfadado que me hizo mi esposa.

"¿Por qué le hablas así a mi pobre padrino?", le preguntó a Mercy. "¿Qué ocurre contigo?" Mercy se detuvo de golpe mientras Mercedita continuó sermoneándola. "Tú no tienes a Jesús en tu corazón, por eso actúas así", dijo.

La pequeña llamó la atención de mi esposa, y es hasta el día de hoy que Mercy dice que Jesús usó a Mercedita para despertarla espiritualmente.

Ese fue un punto de inflexión para mi esposa; se volvió mucho más seria con respecto a estudiar la Biblia y asistir a la iglesia, y después de un tiempo, decidió bautizarse. Asistí al servicio con ella y presencié un bautismo por inmersión por primera vez. Pensé que si eso era lo que Mercy quería, no me pondría en su camino, pero dejé claro que no tenía ningún interés personal en su renovada fe. Luego, cuando los niños también quisieron bautizarse, acepté, pero siempre y cuando fuera su decisión. En lo que respecta a mi fe, siempre tuve a Jesús en mi corazón y Dios ha guiado mi vida; no necesitaba ser bautizado para probarlo.

Teníamos grandes sueños para nuestros hijos. Tan pronto como Bernie tuvo la edad suficiente, lo inscribimos en la Pequeña Liga de Béisbol. Era un pequeño buen jugador, inteligente también. Pero como su padre, era más feliz jugando pelota que leyendo libros. Una vez me dijo que la escuela lo hacía sentir como a un león enjaulado, un sentimiento que yo comprendía por completo. Mercedita y Femerlie, por el contrario, eran buenas estudiantes.

Cuando llegó el momento de ir a Japón, una vez más Mercy se encargó de la mudanza. Lo único que hice fue empacar una maleta y subirme al avión, mientras ella ordenó, empacó y se ocupó de todos los detalles de reubicarnos al otro lado del mundo. Algunas esposas no hubieran aceptado mudarse a miles de millas de sus amigos y familiares, pero Mercy ni lo dudó. Cuando le mencioné mi oportunidad de jugar al béisbol en Japón, me dijo: "Vamos a intentarlo".

11

Bendecido en Japón

ME FUI DE NUEVA YORK en 1977 listo para comenzar un nuevo capítulo de mi carrera como jugador de béisbol. Yo viajé antes que mi familia y estaba en Yokohama cuando Mercy me llamó de Honolulu, donde ella, Bernie y Femerlie se habían quedado unos días. Mercedita, que ya era una adolescente para ese entonces, había decidido quedarse en Puerto Rico con sus amigos y sus padres biológicos.

Mercy trató de rentar un auto en Honolulu y descubrió que no teníamos dinero en la cuenta.

"Debe ser un error", le dije. "Hay más de $100,000 en esa cuenta".

"Bueno, ya no están", me insistió.

Esa no era la forma en que yo pensaba comenzar mi experiencia en Japón. Aparentemente, mi agente en aquel entonces tenía un problema con el juego. Nosotros no fuimos las únicas víctimas de su adicción y finalmente terminó en la cárcel. Su esposa, temerosa de que le iniciara juicio para recuperar mi dinero, me rogó que no lo hiciera. Tenía niños que mantener y no tenía forma de pagarme, yo sabía que no era su culpa. Odiaba perder ese dinero, por supuesto, pero yo siempre dije que no tenía nada cuando nací y que todo lo que hiciera con el béisbol era una ganancia.

Fue la última vez que tuve un agente. Además, me enteré de que los japoneses no veían con buenos ojos tratar con agentes, preferían tratar con los jugadores en persona.

Cuando pienso en Japón, veo calles estrechas, llenas de gente caminando en todas direcciones. Me recordaban a las gallinas que cuidaba en Puerto Rico, tanta gente ocupada yendo de acá para allá. Me preguntaba dónde podían estar yendo todos al mismo tiempo. También recuerdo ver cementerios donde los familiares cuidaban las tumbas de sus ancestros.

Por supuesto, Japón es conocido por su sistema ferroviario, que a mí me confundía mucho. Tras abordar el tren y viajar por media hora, llegaba a otra estación que era exactamente igual a la anterior. Yo miraba alrededor y pensaba: "Acabo de salir de aquí".

También recuerdo los grandes grupos de niños, todos vestidos igual, con uniformes escolares y sombreros. Nunca vi un lugar donde la gente usara tantos sombreros. Los fabricantes de sombreros japoneses deben ser ricos.

En cuanto al béisbol en Japón, recuerdo buenos amigos, fanáticos animados y el segundo grand slam de mi carrera. Había esperado poder jugar en Japón y no me decepcionó. En cierto modo, era más difícil que el béisbol en los Estados Unidos, pero también menos estresante.

Debido a que la cultura japonesa enfatiza la armonía grupal, las decisiones en el béisbol se toman en base a lo que es mejor para el equipo, no para el individuo. Se espera que los jugadores respeten la autoridad y eviten cualquier comportamiento que pueda avergonzar al equipo, dentro y fuera del campo de juego. Por supuesto, es una cultura distinta a la estadounidense, en la que los jugadores de béisbol se enfurecen, los entrenadores y los árbitros pelean a los gritos y los agentes negocian contratos lucrativos. En Japón a todos los jugadores se los trata igual, nadie recibe atención especial, salvo por raras excepciones.

Sabiendo eso, me sorprendí cuando los entrenadores me dieron a elegir en el entrenamiento de la pretemporada: podía entrenar con mis compañeros japoneses o hacerlo por mi cuenta. Dijeron que yo conocía mi cuerpo y ellos respetaban eso. No obstante, elegí entrenar con el equipo. Había escuchado sobre las rutinas exigentes, pero sentía que si jugaba con ellos, también debía entrenar con ellos. Nunca esperé un trato diferencial.

Había dos cosas que no me gustaban sobre los entrenamientos primaverales en Japón. En primer lugar, no empezaba en primavera, sino a mitad del invierno, y los inviernos en Japón son muy crudos. A pesar de las bajas temperaturas llegaba temprano todas las mañanas para las ocho horas de entrenamiento intenso con mis compañeros. Recuerdo subir y bajar la escalera de un altar Shinto que debía de tener entre doscientos y trescientos escalones. Era brutal. En segundo lugar, no me gustaba el salmón crudo, algo fijo en el menú de entrenamiento en Japón. Nunca me acostumbré a comerlo.

En Japón tenía que hacer ejercicios de swing con la sombra, algo que nunca había hecho en los Estados Unidos. La idea es que el jugador use su sombra y espejos para medir el movimiento de la cabeza y desarrollar la memoria muscular para lograr un swing parejo y exacto. Yo no creía mucho en esos ejercicios, pero los entrenadores japoneses sí, hacen mucho énfasis en los fundamentos. Hasta los jugadores más experimentados deben practicar las planchas, el fildeo y las carreras de base, junto con los jugadores más jóvenes y con menos experiencia.

Llegué a Japón con la idea de que iba para jugar. Iba para aprender. Como extranjero, sabía que era un invitado. Eso significaba que debía adaptarme a la cultura de mis anfitriones y hacía mi mejor esfuerzo para lograrlo. El mayor error que algunos jugadores estadounidenses cometen en Japón (o en cualquier otro país) es no ser capaces o no querer adaptarse a la cultura local. Cuando las cosas no salen como ellos quieren, simplemente pierden el control y estallan. Eso no se hace en Japón.

Esto no quiere decir que no hay controversias en los partidos de béisbol de Japón, sino que los japoneses tienen su propia forma de manejarlas sin perder la compostura ni entrar en discusiones acaloradas. En vez de eso, cuando surge un problema o desacuerdo, se detiene el juego. El tema se discute hasta que se llega a una resolución y nadie pasa vergüenza. Estas discusiones pueden durar una hora o más, con muchas inclinaciones de cabeza y disculpas. Pero esa es la forma en que los japoneses resuelven los conflictos en el béisbol y en otros aspectos de sus vidas también.

Sabía desde el principio que los japoneses jugaban distinto aunque las reglas sean las mismas. El béisbol en los Estados Unidos es más físico, mientras que el japonés es muy mental. El béisbol estadounidense valora la potencia, el japonés es una especie de arte. Los estadounidenses corren riesgos, los japoneses van a lo seguro. Es parte de su cultura.

Japón tiene dos ligas de béisbol, la del Pacífico y la Central. Al final de la temporada regular el mejor equipo de cada liga compite por el título nacional en la Serie de Japón. Es interesante que a cada equipo japonés se lo conozca con el nombre de sus dueños corporativos y no con el nombre de sus ciudades locales. La excepción son las Taiyo Ballenas de Yokohama.

El dueño del equipo es una empresa pesquera, junto con otras compañías, por lo cual tuvo varios nombres a lo largo de su historia. Debido a las restricciones en la caza de ballenas de los 1990s, el nombre de Ballenas se eliminó y ahora son los Yokohama BayStars.

Me uní a las Ballenas poco después de que se mudaran de Kawasaki a Yokohama, donde tenían un nuevo estadio al estilo estadounidense. En general, los estadios japoneses no tienen estacionamiento por eso están construidos cerca de las estaciones de tren, por una cuestión de conveniencia. Como consecuencia, los juegos deben terminar antes de que se vaya el último tren de la noche. No importa si los árbitros están discutiendo una jugada controversial o si hay un empate, ningún juego se extiende más allá de las 10:30 p.m. Y ningún juego dura más de doce entradas. Si el resultado está empatado después de doce entradas, el ganador se determina postemporada. Los juegos cancelados, suspendidos por lluvia o empatados se resuelven al final de la temporada y esto puede llevar varias semanas.

Jugué muy bien en Japón. En mis tres años con las Ballenas sólo recibí 52 ponchetes en 1,139 veces al bate. Con un récord de bateo de .346 en 1979, fui el primer extranjero en ganar el premio al mejor bateador en Japón. Uno de esos hits fue el segundo grand slam de mi carrera.

El lanzador de los Gigantes de Tokyo era Shigeru Kobayashi, uno de los mejores de Japón. Con las bases cargadas y sabiendo que yo no era un bateador de jonrones, el joven lanzador me arrojó un tirabuzón, esperando lograr un out fácil en cualquier base. No sólo sorprendí a Kobayashi y a mis compañeros, sino también a mí mismo cuando la pelota se fue a las gradas.

Jugué con todo mi corazón en Japón. Yo amaba el deporte y estaba orgulloso de ser parte de las Ballenas, que terminaron en segundo lugar en 1979, su mejor temporada. También recibí el premio Best Nine en 1979, otorgado por los periodistas de deportes japoneses, y fui el único de las Ballenas en recibirlo ese año. Este premio es anual y se da a los mejores nueve jugadores en la Liga Central y (con el agregado del bateador designado) a los mejores diez jugadores de la Liga del Pacífico.

Las Ballenas eran muy populares en ese tiempo y a mí me encantaban los fanáticos japoneses: son ruidosos, coloridos y muy entusiastas. En los Estados Unidos estaba acostumbrado al sonido del órgano en los estadios. En Japón tenían grandes tambores. Los fanáticos del béisbol japoneses son muy bulliciosos y logran una atmósfera muy estimulante que a mí me encantaba.

Muchas de las costumbres japonesas del béisbol eran distintas a las de los Estados Unidos. Por ejemplo, los jugadores recibían un reloj Seiko cuando hacían un jonrón. Conocí a un jugador de los Dodgers que tenía veintisiete relojes y los daba como regalos de navidad. Para un honor tal como ser elegido jugador del mes o por tener un buen año, el jugador recibía una gran bolsa de arroz. A diferencia de los premios monetarios, el arroz estaba libre de impuestos.

Vivir en Japón fue una experiencia maravillosa para mi familia. Vivíamos en el Consulado de los Estados Unidos y comprábamos cosas en la tienda del Ejército de los Estados Unidos. Mercy encontró una iglesia que tenía traducciones en inglés, aunque admitió que no entendía una palabra. Bernie aprendió algo de japonés al pasar tiempo conmigo en el estadio. Femerlie aprendió algo de alemán de un amigo cuyos padres también vivían en el Consulado.

Las Ballenas nos dieron un auto y finalmente aprendí a conducir del lado izquierdo del camino. Aunque mis paseos se limitaban a ir a parques de béisbol, Mercy y los niños a menudo viajaban por el campo en bicicletas o en tren.

Cuando fue hora de que empezaran el colegio, Bernie y Femerlie volaron a Puerto Rico para estar con tío Andrés y tía Oti hasta que Mercy y yo pudiéramos reunirnos con ellos después de los juegos postemporada.

Dos personas fueron muy especiales para mí en Japón. Uno fue mi mánager, Kaoru Betto, a quien yo llamaba respetuosamente Betto San. El otro era mi traductor y buen amigo Yoichi Kokatzu, que iba conmigo a todas partes. Incluso iba a misa con nosotros y siempre insistía en que yo diera las gracias cuando comíamos juntos. No me dejaba comer hasta que hubiera dado las gracias.

Si bien disfrutaba jugar al béisbol en Japón, dentro de mí comencé a luchar con un tema que podía llegar a poner fin a mis días de jugador de béisbol. Era un problema de fe. Iba a la iglesia con Mercy y los niños cuando podía. En nuestro hogar cumplíamos con el Sabbat desde la tarde del viernes hasta la puesta de sol del sábado. Había sido cristiano por mucho tiempo, pero en Japón el Señor parecía haber puesto un peso en mi corazón del que no podía deshacerme.

La mejor forma de explicarlo es diciendo que el Espíritu Santo me habló a través del ejemplo de mi esposa y mis hijos. Había llegado el momento de dar el gran paso y unirme a ellos como Cristiano Adventista del Séptimo Día. Yo sabía que Mercy oraba para que yo me bautizara, pero yo nunca me había convencido de que era necesario. Bautizarme en la fe Adventista significaba que no habría más juegos de béisbol los viernes por la noche o los sábados. Era una decisión difícil e incluso le pedí a Dios que me librara de tener que tomarla, pero Él no lo hizo.

Necesitaba tener una conversación de corazón a corazón con Betto San y el mánager de las Ballenas, Tadahiro Ushigome. Ambos me habían tratado siempre de manera justa. Yo ya no era un joven cuando me uní a las Ballenas y desde el principio me habían dicho que hiciera lo que podía y que les dijera cuando hubiera tenido suficiente. Sin embargo, lo que necesitaba hablar con ellos no tenía nada que ver con lo que mi cuerpo pudiera aguantar.

Una vez más, Mercy y yo nos pusimos de rodillas y le pedimos a Dios que nos guiara a través de este valle de futuro incierto. El béisbol era más que un juego para mí. Era mi profesión. Como un doctor o un maestro o cualquier otra persona que va al colegio y decide estudiar algo para practicar una profesión, yo había estudiado y me había entrenado para ser jugador de béisbol desde que era un niño. El béisbol era mi pasión y era mi forma de ganar dinero y mantener a mi familia. Nunca había tenido otro trabajo en mi vida adulta.

Había hecho lo mejor posible para adaptarme a la cultura del béisbol japonés. No había avergonzado a las Ballenas de ningún modo ni había llamado la atención indebidamente. No iba a pedir un favor sin una buena razón. Después de todo, tenía un contrato vigente con las Ballenas. Ese contrato representaba mi palabra y yo no me lo tomaba a la ligera.

Toda mi vida la gente había podido confiar en mí, había podido contar conmigo. Me había ido bien y me querían en Japón. Pero ahora yo quería cambiar las reglas en el medio del juego en una cultura en la que se trata a todos por igual, y en la que nadie recibe trato especial, con pocas excepciones.

En ese momento no sabía que mi amigo Clete Boyer había ocasionado un gran problema unos años antes cuando les había pedido a las Ballenas un día libre cada tres partidos. Su desempeño en la tercera base había comenzado a decaer y él pensaba que darle a su brazo un día libre más lo ayudaría. Las Ballenas no estuvieron de acuerdo y en vez de tener un día libre extra, a Boyer le dieron más inyecciones de vitaminas. Si hubiera sabido de esta experiencia, no sé si hubiera tenido el valor de pedir el día libre por creencias religiosas. Boyer había pedido un día cada tres, yo solo quería un día cada siete. El problema es que yo quería el mismo día libre cada semana. Era algo sin precedentes.

No recuerdo exactamente qué les dije, pero hice lo posible por explicarles a Betto San y Ushigome que Dios estaba en mi corazón y que necesitaba ir a la iglesia con mi familia. Todo iba bien hasta que les pedí que me dieran los viernes por la noche y los sábados. Me dijeron que era imposible. Era un jugador de todos los días y ellos esperaban que yo estuviera disponible en todo momento, como los demás.

Sin embargo, según la costumbre japonesa, acordaron considerar mi pedido antes de darme su decisión final. Nunca sabré qué pasó o que dijeron en su discusión, porque no estaba ahí y no tenía un agente que me representara, lo dejé todo en manos de Dios.

Unos días después Betto San y Ushigome llegaron a una decisión y me pidieron que me reuniera con ellos. Esperaba que aceptaran mi pedido, pero también sabía que si lo hacían iba a implicar cierto compromiso que no los hiciera quedar mal. Sobra decir que estaba muy nervioso por oír su veredicto.

Después de los usuales saludos japoneses, comenzaron la reunión reconociendo que era bueno que yo tuviera un día de descanso. Me alegré de que coincidieran conmigo en ese punto. Con una oración en el corazón, escuché mientras continuaban. Apenas pude contener mis emociones al escuchar la decisión. Mi nombre ya no aparecería en la lista de jugadores para los partidos de viernes por la noche y sábados. A cambio, yo debía jugar todos los sábados por la noche y los domingos.

Eso era exactamente lo que yo esperaba y por lo que había rezado. Ellos no hicieron ningún comunicado público ni dieron explicaciones por mi ausencia de los juegos y yo no hice nada por llamar la atención. Habíamos llegado a un acuerdo amistoso, aunque muy peculiar, con el que todos estábamos tranquilos. Y se logró sin que nadie resultara humillado.

Cuando terminó mi contrato con las Ballenas, pensé que probablemente era tiempo de retirarme del béisbol. Después de todo, no me estaba haciendo más joven. El equipo Nagoya me pidió que considerara jugar para ellos, pero dije que no. Era hora de ir a casa.

En realidad, no tenía planes para mi retiro. Pensé que podría tomar clases en la universidad y encontrar mi nicho en otra carrera, pero no sabía qué sería. No pasó mucho tiempo antes de que comenzara a extrañar el béisbol. Sabía que todavía tenía mucho por jugar. Como el ritmo pegajoso de las canciones folklóricas latinas que no podía sacar de mi cabeza, el béisbol siempre estaba ahí. No podía imaginar mi vida sin él. Cuando el equipo de Clase AAA, los Diablos Rojos del México, me hizo una oferta, me entusiasmó tener otra oportunidad de jugar.

"Sólo un año más", le prometí a Mercy, "y luego me retiro".

12

Todavía en el Juego

EN LA VIDA HAY BUENAS EXPERIENCIAS y malas experiencias. México fue una mala experiencia para mí; hizo que me retirara. Con un promedio de bateo de .316, me fue bien en el campo de juego, pero eso fue todo. Después de semanas de vivir en una habitación de hotel de segunda clase, estaba disgustado con toda la situación. Nos habían prometido un apartamento, un carro y muchas otras cosas que nunca se cumplieron. Debí haberlo sabido; después de todo, ya no estaba en las grandes ligas.

"Es hora de dejarlo", le dije a Mercy.

Por primera vez no me dijo que le diera otra oportunidad. Bernie y Femerlie tenían casi doce y diez años en ese entonces, y esa no era la clase de vida que queríamos para ellos. Además, sabía que Bernie tenía potencial para ser un buen jugador de béisbol y necesitaba pasar más tiempo con él. Puede que vivir en una piojosa habitación de hotel en la Ciudad de México no haya sido un buen lugar para criar a mis hijos, pero me ayudó a poner algunas cuestiones personales en perspectiva.

Había cumplido mi sueño de la infancia de hacer carrera en la Liga Mayor de Béisbol en una época en las que tales oportunidades sólo se presentaban a unos pocos en mi parte del mundo. Siempre intenté ser un buen embajador de mi pueblo. Después de terminar mi carrera en las ligas mayores, Japón me regaló unas entradas extra y ahora parecía que México sería la entrada final de mis días como jugador. Había trabajado duro, había disfrutado la gloria de las victorias y había sufrido la agonía de las derrotas. Tenía un récord por el cual sentirme orgulloso. A medida que se acercaba el final de mi carrera, podía retirarme sin remordimientos, con tan solo gratitud por haber tenido la oportunidad de jugar.

En algún punto del trayecto, perdí la noción de la cantidad exacta de partidos que jugué además de los 1,480 registrados en mis estadísticas en la Liga Mayor de Béisbol. Pero al sumarlos todos, ligas menores, ligas mayores, Japón, México y los diecisiete inviernos en el Caribe, fácilmente superé los 2,000 partidos. Aunque no sea una estadística para ningún libro de récords, representa el logro de un objetivo personal. Disfruté de la mejor vida que hubiera podido imaginar como un niño que creció en Puerto Rico. El béisbol era mi pasión y tuve la suerte de poder hacer una carrera de ello. Pocas personas tienen semejante bendición.

Para ser honesto, lo que me oprimía el corazón no era la mala alimentación, el pésimo hospedaje ni las promesas incumplidas, era otra cosa. Mis managers y entrenadores en México no eran tan flexibles con mis creencias religiosas como habían sido en Japón. Yo quería ser bautizado como un Adventista del Séptimo Día y confirmar mi creencia en Jesucristo en público.

Tan pronto como terminé la temporada con los Diablos Rojos, volvimos a Puerto Rico. Era fabuloso estar en casa. Durante los siguientes dos o tres años, nuestras vidas giraron en torno a nuestros hijos y sus actividades, nuestras familias, nuestra iglesia y mi educación. Me inscribí en el Instituto Internacional de la American World University, una escuela que solía estar en Hato Rey, donde obtuve una maestría en comercialización y administración.

El tiempo pasaba y yo todavía seguía sin bautizarme. De hecho, asistí a las clases donde estudiábamos la Biblia por tanto tiempo que la gente comenzó a referirse a mí como el primer anciano de la clase de visitantes. Era sólo cuestión de tiempo, por supuesto, hasta que tuviera mi bautismo. Sabía que Mercy rezaba para que tomara mi decisión. Pero este era un asunto entre Dios y yo, y Su tiempo no es el mismo para todos.

Podría decirse que para mí el bautismo se asemejaba bastante a un contrato de béisbol. Representaba un acuerdo; era un compromiso. Cuando firmaba un contrato, me comprometía a cumplir con los términos del acuerdo. En toda mi vida, siempre que hacía una promesa tenía un significado. Lo mismo ocurría con el matrimonio; cuando me casé con Mercy, asumí un compromiso público con ella. Hice promesas, y gracias a Dios, llevamos juntos casi cincuenta años. Con el bautismo, haría una declaración pública de mi compromiso personal para con Jesucristo. Deseaba hacerlo sin reservas.

Finalmente sucedió una cálida tarde de viernes, en abril de 1982. Mercy y los niños estaban allí, desde luego, junto a nuestra familia de la iglesia. En realidad, resultó ser un evento mucho mayor del que habíamos planeado. Todos los asientos en la iglesia, que tiene una capacidad para albergar 250 personas, estaban ocupados. Había más gente parada afuera, algunos se agrupaban frente a la puerta y otros se asomaban por las ventanas. Hasta la prensa vino. No sé cuántos bautismos salen en las noticias locales, pero el mío sí lo hizo.

Me bautizaron por inmersión, lo que simboliza la muerte espiritual de mi antiguo ser y mi compromiso para con una nueva vida en Jesús. Finalmente, dar ese paso me brindó una maravillosa sensación de libertad y la paz que la Biblia dice que trasciende toda comprensión. Cuando prometí seguir al Señor, prometí por Su gracia hacer lo que Él requería, y nunca miré hacia atrás. Me alegra que Mercy nunca se diera por vencida conmigo, y más aún, que Dios tampoco lo hiciera.

Uno nunca sabe qué te podrán pedir que hagas cuando haces un compromiso como ese. Ciertamente, nunca soñé que me pedirían dar clases de la Biblia para niños de ocho y diez años. No pensé que estuviera a la altura de la tarea, pero tenía un "contrato" con el Señor; así que accedí a hacerlo.

Enseñar a esos niños resultó ser una experiencia muy placentera, y otra historia que salió en las noticias locales. Un reportero que conocía desde mis días como jugador de béisbol se acercó a la iglesia y le preguntó a los niños qué opinaban de mí como profesor de la Biblia. Por fortuna, me dieron una buena calificación.

Puede que estuviera retirado, pero todavía tenía al béisbol en mi corazón. Lo extrañaba y deseaba volver al juego. No como jugador, por supuesto; esos días habían terminado. Por una corazonada, llamé por teléfono a la sede central de los Mets. Algo me decía que podrían necesitar un entrenador de fildeo. Unos días después, estaba camino a Nueva York para una entrevista y al poco tiempo, me habían contratado como instructor del cuadro para la liga de novatos de los Mets en Port St. Lucie, Florida. También obtuve un trabajo como coordinador latinoamericano de la liga menor para los Mets. Estaba de vuelta en el juego.

Cuando Mercy y yo nos mudamos de nuevo a Florida en 1986, las cosas habían cambiado drásticamente en comparación a cuando me uní a la liga menor de Kansas City en Daytona Beach en 1964. Podía vivir donde quisiera en 1986, hospedarme en cualquier hotel y comer en cualquier restaurante. El color de mi piel y mi lengua natal ya no eran una carga; de hecho, el español era una ventaja.

A estas alturas, el béisbol atraía a un montón de latinos. Como instructor bilingüe, podía enseñar tanto a niños estadounidenses como a latinos. Disfruté este trabajo y pude ayudar a algunos jóvenes jugadores que fueron a las ligas mayores, como a Edgardo Alfonzo de Venezuela y al campocorto cubano, Rey Ordoñez. También vi a un montón de buenos jugadores desalentarse y volver a sus casas, principalmente por cuestiones de idioma, cultura o porque extrañaban su hogar. Incluso más niños se hubieran vuelto a casa si no hubiera habido alguien que hablara su idioma.

Recuerdo, por ejemplo, a un joven dominicano que jugaba en los Mets, Quilvio Veras. Estaba listo para renunciar; sus entrenadores lo habían identificado como a un niño holgazán que ya no quería jugar. Cuando tuve oportunidad de hablar con él en español, me enteré de que se había lesionado el hombro. Finalmente, los Mets le dieron tiempo para permitir que sanara su hombro, pero terminaron por transferirlo a los Marlins de Miami.

Si bien estos días el retiro me encuentra más tiempo en el campo de golf que en el estadio de béisbol, sigo involucrado con los Mets y la Liga Mayor de Béisbol. Como instructor de las de béisbol en Italia y Taiwán, trabajé con niños talentosos que venían de todas partes del mundo con sueños de llegar a las grandes ligas. También trabajé como instructor en Roberto Clemente Sports City en San Juan.

Me gusta trabajar con niños. Por supuesto, en particular me enorgullece lo que la Pequeña Liga Félix Millán hace por los niños de East Village y el Lower East Side de Nueva York. Fue un regalo del cielo para mantenerlos lejos de las calles y de los problemas.

Hace unos años, Bernie y yo participamos en una academia de béisbol en Savannah, Georgia. También participé en algunos campos de fantasía y siempre que puedo asisto a los partidos de entrenamientos primaverales. No puedo imaginar un momento en el que no vaya a estar involucrado con el béisbol. A decir verdad, me encanta dirigir o entrenar, pero Mercy es precavida. Ella dice que me tomo el béisbol demasiado en serio; yo digo que el béisbol es un asunto serio. Ella tiene miedo de que no sea muy bueno para mi tensión arterial; yo digo que llevo el béisbol en la sangre. Hace mucho tiempo aprendí que es mejor escuchar a Mercy, pero el tiempo dirá cuando esté listo para abandonar el béisbol.

Disfruto reencontrarme con otros jugadores retirados, muchos de los cuales jugaron conmigo o en mi contra en las ligas mayores. Tuve la oportunidad de jugar para los St. Lucie Legends de la Asociación de Béisbol Profesional Senior en 1989. Me fue bastante bien para ser un veterano, con un promedio de bateo de .269 en 31 partidos. Nuestro mánager era el difunto Bobby Bonds. Nos habíamos enfrentado cuando él era un jardinero central para San Francisco, y me recordaba como un jugador recio. Me reí cuando lo escuché comentar a uno de los otros veteranos:

"Nunca vi a un tipo con más agallas que Félix", dijo.

En otra ocasión, estaba en una reunión de veteranos cuando un ex jugador del equipo de Caguas me entregó un sobre que contenía trescientos dólares.

"¿Qué es esto?", pregunté.

"Estoy pagando mi deuda", me respondió.

Le había prestado dinero hacía muchos años y me había olvidado del asunto. Fue una de las pocas personas en devolver el dinero que le habían prestado. En mi época, los salarios de los jugadores de béisbol no se parecen ni remotamente a los de ahora. Pese a que no tenía un salario de súper estrella, me pagaban bien para aquellos tiempos. Es gracioso, cuando alguien juega un deporte profesional, la gente lo ve como a un banco. El problema de prestar dinero, es que muy a menudo implica una pérdida doble, la pérdida de dinero y la pérdida de un amigo. Veinte dólares prestados aquí, doscientos dólares allá y adiós amigo. Incluso muchachos que jugaron en mi contra y otros a los que ni siquiera conocía me pidieron un "préstamo".

Por ejemplo, una vez en Puerto Rico, un hombre se acercó a nuestro hogar. Era la primera vez que lo veía. Dijo que su hija necesitaba una cirugía de corazón y que necesitaba cinco mil dólares. Mercy y yo lo discutimos, y finalmente decidimos ayudar a la niña. Nunca volvimos a ver a aquel hombre.

88–El Pelotero Agresivo

No me corresponde a mí juzgarlo, ni a las otras personas que hemos ayudado alguna vez. Agradezco a Dios haber tenido el dinero cuando ellos lo necesitaron. No puedo olvidar que llegué a este mundo sin nada, y me iré sin nada. Bien podría hacer algo bueno con lo que Dios me da.

13

El Equipo Ganador

DOS DE LAS PERSONAS MÁS IMPORTANTES en mi vida fallecieron en los 1990s: Papi en 1995 y Mami en 1997. Hoy descansan juntos en un viejo cementerio, con vistas al campo de juego donde deslumbré a fanáticos locales del béisbol cuando era un adolescente. Una sección alta de oxidadas gradas descubiertas es todo lo que queda como recuerdo de una época en que la gente de Yabucoa se reunía a ver a sus hijos favoritos lanzar bolas rápidas y batear jonrones.

Papi tenía noventa y seis años cuando lo admitieron en el hospital, y mis hermanos, hermanas y yo nunca lo dejamos solo hasta el día en que falleció. Las enfermeras dijeron que nunca vieron a una familia demostrar tanto amor como el que teníamos por nuestro Papi. El día en que murió, era mi turno de estar con él; le mencioné que sería bueno afeitarlo.

"Tengo que cortar ese bigote", le dije.

Papi sonrió y unos momentos después, exhaló su último aliento en calma. Las enfermeras y el doctor llegaron al cuarto para resucitarlo y quizá ponerle alguna máquina de resucitación.

"Déjelo en paz", dije.

Después de todo, había vivido una larga vida, y murió sabiendo que sus hijos lo amaban. Nos vio graduarnos a todos de la secundaria. Tres de nosotros nos convertimos en jugadores de béisbol y uno llegó hasta las grandes ligas. Víctor Millán materializó una vida llena de sueños y estaba en paz. Cuando lo enterramos, colocamos su güiro en el ataúd junto a él. Después de eso, Cecilio, el único de mis hermanos que había aprendido a tocar ese instrumento, nunca tuvo corazón para volver a tocar.

Al poco tiempo de la muerte de Papi, Mami se mudó con una señora en Yabucoa a quien llamábamos Doña Juanita, una cristiana devota que cuidó mucho a mi madre. Ellas empezaban cada día con una plegaria y siempre tenía sintonizada una estación de radio cristiana que les gustaba. Me hizo tan feliz el día en que Mami me dijo que había aceptado a Jesús como su salvador.

Si mis padres visitaran Yabucoa hoy, verían algunos cambios y otras cosas que se mantienen exactamente igual. La vieja Central Roig cerró en el año 2000, la última central azucarera en cerrar de Puerto Rico. Nuestra pequeña casa en El Cerro del Calvario se encuentra en muy mal estado. Las puertas están cubiertas con tablas, las persianas están oxidadas y lo que queda del techo corrugado está cubierto de maleza. Por el contrario, la casa en La Pica sigue en pie, aunque oculta detrás de una pared de maleza tan alta como la caña de azúcar.

No mucho ha cambiado en la Panadería Ortiz, salvo los precios. Cómo desearía poder llevar a Papi al estadio nuevo que lleva mi nombre, donde ahora juega el equipo Clase AA de Yabucoa. Puedo verlo parado junto a la placa de bronce que lleva mi imagen en la entrada al estadio y presumiendo delante de la gente "Ese es mi hijo".

Para cuando Mercy y yo fuimos a Port St. Lucie, nuestros hijos ya eran mayores. Estaban ocupados terminando la escuela, buscando trabajo, casándose y formando sus hogares y familias propias. Después de terminar la universidad, Mercedita se casó con Manuel Calero y ahora trabaja como secretaria ejecutiva en una oficina de abogados. Bernie fue a la universidad por poco tiempo, se casó y divorció, y jugó seis temporadas en las ligas menores con los Mets hasta que una lesión grave puso fin a sus sueños de jugar al béisbol profesionalmente. Femerlie terminó sus estudios en la Universidad Adventista de las Antillas. Se casó con Rubén Rivera, un compañero de clases. Hoy es maestra de inglés en una escuela secundaria en Puerto Rico (espero que los alumnos no se duerman en su clase).

Mercy y yo amábamos tener niños alrededor de nuestro hogar. Nos encantaba cuando nuestra sobrina Vilma, de siete años, pasaba las vacaciones de verano con nosotros en Port St. Lucie. La niña era buena compañía para Mercy mientras yo trabajaba y aparentemente ella se divertía con mi esposa. Al final de la visita, no quería volver a casa; nos pidió quedarse a vivir con nosotros de forma permanente. Por supuesto, eso era decisión de su madre. Para resumir, su madre aceptó y recibimos a Vilma en nuestro corazón y en nuestro hogar como si fuera una hija más. Vivió con nosotros hasta que fue a la universidad.

Cuando vivía en Port St. Lucie, el Señor volvió a sacarme fuera de mi zona de comodidad. Podría decirse que me gradué de la enseñanza a la predicación. Mercy y yo asistíamos a una iglesia para personas de habla inglesa en Ft Pierce al tiempo que Femerlie y Rubén vinieron de visita. Durante esa época, nosotros cuatro y otra pareja de Puerto Rico, nos reuníamos en la oficina de nuestro pastor para estudiar la Biblia en español. Después de que Femerlie y Rubén se fueron, continuamos con estas reuniones. Con rapidez se hizo correr la voz entre la comunidad hispana, y al poco tiempo nuestro grupo era muy grande para la oficina del pastor y nos mudamos a una habitación más grande. De hecho, había suficientes personas como para llevar a cabo el servicio. El problema era que necesitábamos un predicador.

Ahora bien, yo no tenía intención alguna de predicar cuando me metí en la piscina para recibir mi bautismo hace varios años. Pero había prometido que si el Señor me pedía hacer algo, yo no me negaría. Hice lo mejor que pude cuando llegaba mi turno de predicar en alguna ocasión, pero para ser honesto, preferiría no hacerlo de nuevo. El problema es que un buen predicador debe leer mucho, y yo no sirvo para eso. Con el tiempo, Edgardo y Esperanza Morales se convirtieron en los líderes del grupo.

Del pequeño grupo que comenzó a reunirse en la oficina del pastor, hoy se formó una iglesia con doscientos miembros que llevan a cabo el servicio para la comunidad hispana de Ft. Pierce. Mercy y yo hacemos el esfuerzo personal de asegurarnos de que haya una congregación hispana donde sea que vivamos.

Estábamos en Puerto Rico en agosto de 2008, cuando Mercy comenzó a quejarse de que no se sentía bien. No tenía energía y se sentía cansada todo el tiempo. Ella lo atribuía a estar envejeciendo, pero yo no estaba convencido. Tenía poco más de sesenta años, era muy joven y saludable para quejarse de estar envejeciendo. Le insistí en que consulte a un médico; seguramente le podría recetar algunas píldoras para que se sintiera mejor. Requirió mucha persuasión de mi parte hasta que finalmente accedió a hacer una consulta con el médico.

El Dr. Steven Rivas le hizo un examen físico de rutina. Todo parecía estar bien, hasta que le hizo hacer una serie de pruebas de resistencia. Claramente, no estaba todo bien porque en todas le fue mal. Yo seguía confiado en que el médico podría recetarle algo y que se sentiría como nueva al poco tiempo. No estaba preparado para que me dijera que Mercy necesitaba una cirugía de corazón de emergencia.

"No puede ser", le dije al Dr. Rivas. Las palabras casi no salían de mi boca mientras se me llenaban los ojos de lágrimas.

El Dr. Rivas le preguntó a Mercy si tenía preferencia por algún cirujano de corazón. Por supuesto, no había motivo alguno para que conociera los nombres de cirujanos cardiovasculares. Por fortuna, ella sabía exactamente qué preguntar: "Si su madre necesitara esta cirugía, ¿qué cirujano escogería?"

"Al Dr. José Rodriguez-Vega", dijo.

"Entonces, lo escojo a él", respondió Mercy.

Llamé a Femerlie y a Mercedita de inmediato, y vinieron tan pronto como pudieron. No sé qué hubiera hecho sin ellas, porque yo estaba completamente desquiciado. Sé que Mercy estaba nerviosa, pero no demostraba sus sentimientos como yo. No podía decir una palabra sin ponerme a llorar. Sí, el hombre fuerte en el campo de béisbol se convirtió en un tonto llorón cuando pensaba en lo que estaba por enfrentar Mercy.

Después de un tiempo, el Dr. Rivas desistió de intentar hablar conmigo. Me hizo salir de la habitación mientras le explicaba el procedimiento a Femerlie y hacía los arreglos pertinentes para que su madre se sometiera a una cirugía de cuádruple bypass en el Centro Cardiovascular de Puerto Rico y el Caribe, en San Juan. Las seis horas y media que duró el procedimiento fueron las más largas de mi vida.

Tenía miedo por Mercy, me asustaba lo desconocido y la posibilidad de que ocurriera lo peor. Dependí de ella durante toda nuestra vida de casados; ella estaba siempre a cargo. Esta vez, tuve que dejar a Dios a cargo de ella. Fue una verdadera prueba para mi fe. Lo único que podía hacer era rezar, y recé mucho. Al fin, el Dr. Rodriguez-Vega entró en la habitación donde estábamos esperando. Me sentí aliviado cuando dijo que la cirugía había sido un éxito.

Pese a que no podía esperar por ver a Mercy, no estaba preparado para eso tampoco. Mi linda esposa descansaba en una cama de hospital, sin expresión, dormida con una máscara sobre la boca y conectada a yardas de mangueras de plástico y máquinas ruidosas con luces intermitentes.

A pesar de que la cirugía había salido bien, después surgieron problemas. Mercy desarrolló una infección y tuvo que quedarse internada otros quince días. No podía imaginar algo peor que un cuádruple bypass, pero ella dice que recuperarse de esa infección fue peor que la cirugía. Agradezco a Dios que ella haya podido superar esta dura experiencia. Estoy agradecido porque el problema se diagnosticó antes de que sufriera un ataque al corazón fatal.

Tengo tantas cosas por las que estar agradecido en mi vida. Desde el día en que nací hasta hoy, Dios me ha bendecido en abundancia. No puedo ni comenzar a nombrar a todas las personas que me ayudaron o influenciaron mi vida de manera positiva. Ciertamente, muchos ángeles me han acompañado en esta travesía llamada vida.

Estoy agradecido por haber nacido en la familia de Víctor y Anastasia Millán. Puede que mi estómago haya estado vacío en ocasiones, pero tuve una vida completa y rica. Me dejaron un legado que ni todo el dinero en el mundo podría comprar. Estoy agradecido por haber crecido en Yabucoa, donde la gente tomó el sueño de un tímido niño sin zapatos y lo convirtió en su propio sueño.

Y estoy en deuda con algunos de los maestros más sobresalientes de la historia del béisbol, hombres que identificaron el talento que Dios me había dado y me ayudaron a ser el mejor segunda base que podía ser y nunca intentaron convertirme en algo que no era. Fue un privilegio para mí jugar con algunos de los jugadores más notables también. Hice mi mejor esfuerzo por ganar su confianza y ellos me retribuyeron de más formas de las que puedo contar. Celebramos muchas victorias juntos y nos acompañamos en momentos de derrotas. Ellos me enseñaron que no hay vergüenza en cometer un error, sólo lecciones para aprender.

Sobre todo, le agradezco a Dios por el amor de Mercy. Pienso en todo lo que habría perdido de no haberla escuchado todas las veces que me dijo: "Dale una oportunidad". Sin duda, el mejor consejo que me dio fue que le diera una oportunidad a Dios. Me gusta decir que cuando jugué con los Bravos, estaba en el equipo ganador. Los Mets fueron otro equipo ganador. Pero ahora estoy en el verdadero equipo ganador, el equipo de

94–El Pelotero Agresivo

Jesucristo. Este es mi testimonio: cuando Jesús murió en la cruz, Él murió por mí; cuando Él se levantó de la tumba, ganó el cielo para mí. La idea me llena de humildad y estoy agradecido por Su amor, Su gracia y por Su maravillosa misericordia.

Fotografías

El Cerro del Calvario. A la derecha se encuentra el hogar de mi infancia, ahora cubierta de maleza y en muy mal estado. Aquí es donde esperaba a que Papi volviera del trabajo.

Yabucoa, alrededor de 1950. (Foto de David Groh, de la Colección Lehman, cortesía de la Fundación Luis Muñoz Marín).

Antes de la cosecha, se prenden fuego estos campos de caña de azúcar, creando nubes de humo y ceniza sobre todo el Valle de Yabucoa. (Foto de Jack Delano, 1941, División de Fotografías e Impresiones de la Biblioteca del Congreso)

Una vez encontré a Papi en la punta de la chimenea de la Central Roig. La azucarera había cerrado por la temporada, y lo contrataron para pintar la alta estructura.

Con Hank Aaron, mi compañero de habitación con los Bravos de Atlanta. (Fotógrafo desconocido)

De izquierda a derecha: Hank Aaron, Luman Harris, yo y Clete Boyer en la pretemporada en West Palm Beach, Florida, el primero de marzo, 1969. (AP Photo/Ray Howard)

98—El Pelotero Agresivo

Hacía mucho frío el día que firmé con los Mets de Nueva York, fue el 31 de enero de 1973. En el carrito del equipo de los Mets, en el Shea Stadium, John Milner y yo (al frente) junto a Ed Kranepool, Yogi Berra y Tug McGraw. (Foto AP)

Gene Locklear de los Padres de San Diego está out y yo lanzo la bola a la primera base para hacer la doble jugada, 15 de junio de 1973. (Foto AP/Dave Pickoff)

Valle de Yabucoa, 2011.

Hoy mis padres descansan en un cementerio (derecha) cerca de las gradas oxidadas con vistas al campo donde jugaba béisbol de niño en Yabucoa.

Félix Millán Estadíticas

Año	Juegos	Veces al Bate	Ponches	Promedio Bateo	Promedios de Fildeo
1966	37	91	6	.275	.973
1967	41	136	10	.235	.972
1968	149	570	26	.289	.980
1969	162	652	35	.267	.980
1970	142	590	23	.310	.979
1971	143	577	22	.289	.982
1972	125	498	28	.257	.987
1973	153	638	22	.290	.989
1974	136	518	14	.268	.979
1975	162	676	28	.283	.972
1976	139	531	19	.282	.977
1977	91	314	9	.248	.977
Totales	**1,480**	**5,791**	**242**	**.279**	**.980**

Cortesia Retrosheet.

Referencias

Prefacio
Briskin, Shale. "New York Mets: Top 10 Second Basemen in Team History," June 22, 2011, http://bleacherreport.com/articles/736774-new-york-mets-top-10-second-basemen-in-team-history (Retrieved 3/29/2013).

Hulka, James. "All-Time Braves Lineup," August 5, 2008, http://bleacherreport.com/articles/44585-all-time-braves-lineup. (Retrieved 3/29/2013).

Madio, Vinny. "New York Mets All-Time Lineup," August 5, 2008, http://bleacherreport.com/articles/44494-new-yor-mets-all-time-lineup. (Retrieved 3/29/2013).

Stowe, Rich. "MLB Power Rankings: Every Team's Greatest Second Baseman in History," June 1, 2011, http://bleacherreport.com/articles/713346-mlb-power-rankings-every-teams-greatest-second-baseman-in-history. (Retrieved 3/29/2013).

Capitulo 1
Puerto Rico Handbook (1946). Office of Information for Puerto Rico.

Capitulo 2
Boyle, Robert H. "'el As' Is The Voice of America," October 14, 1963, http://sportsillustrated.cnn.com/vault/article/magazine/MAG1075254/index.htm. (Retrieved 3/29/2013).

Madden, Bill. "Canel's Voice Carries On," September, 18, 2005, http://www.nydailynews.com/archives/nydn-features/canel-voice-carries-article-1.621209. (Retrieved 3/29/2013).

_____. "Buck Canel," Viva Baseball, http://exhibits.baseballhalloffame.org/viva/roster/buckcanel.asp. (Retrieved 3/29/2013).

Capitulo 3
"Major League Baseball Players Born in Puerto Rico," http://www.baseball-almanac.com/players/birthplace.php?order=DebutYear&loc=Puerto%20Rico. (Retrieved 3/29/2013).

"234 players born in Puerto Rico," http://www.baseball-reference.com/bio/P-R-_born.shtml. (Retrieved 3/29/2013).

Capitulo 4
Ross, Ken. "Hub Kittle," The Baseball Biography Project, Society of American Baseball Research, http://bioproj.sabr.org/bioproj.cfm?a=v&v=l&bid=1242&pid=16910. (Retrieved 3/29/2013).

Capitulo 5
Aaron, Hank, with Lonnie Wheeler. *I Had a Hammer: The Hank Aaron Story*. New York: Harper Collins Publishers. 1991.

Bryant, Howard. *The Last Hero: A Life of Henry Aaron*. New York: Pantheon Books. 2010.

Leonard, Laurence. "Ambitious Millan-Cox Duo Braves' Box-Office Beauts," *Sporting News*, August 26, 1967.

Capitulo 6
Lockwood, Wayne. "Felix Millan Close to the Perfect Player, *Baseball Digest*, October 1969.

Ronberg, Gary. "Felix Is One Sweet Ballplayer," *Sports Illustrated*, July 22, 1968, http://sportsillustrated.cnn.com/vault/article/magazine/MAG1081411/index.htm. (Retrieved 3/29/2013).

Capitulo 8
Maraniss, David. *Clemente: The Passion and Grace of Baseball's Last Hero*. New York: Simon & Schuester Paperbacks, 2006.

Capitulo 9

McMane, Fred. "Ed Ott Tira Contra Terreno a Felix Millán," *El Mundo*, August 14, 1977.

Capitulo 11

Albright, Jim. "Japanese Baseball Primer," http://baseballguru.com/jalbright/japanesebaseballprimer.htm. (Retrieved 3/29/2013).

Whiting, Robert. "You've Gotta Have 'wa'," *Sports Illustrated*, September 24, 1979, http://sportsillustrated.cnn.com/vault/article/magazine/MAG1095410/. (Retrieved 3/29/2013).

Indice

Aaron, Hank, 39, 40, 45, 49, 50, 53, 57, 64, 97
Aaron, Tommie, 57
Aguayo, Rafael, 58
Alfonzo, Edgardo, 86
Almendro, Jaime, 23
Alomar, Sandy, 59
Alou, Felipe, 40, 44-47
Angelinos de Los Angeles, 45, 59
Arroyo, Luis, 32
Aspromonte, Bob, 49
Asociación de Béisbol Professional Senior, 87
Astros de Houston, 46, 66
Atléticos de Kansas City, 33, 34, 36
Atléticos de Oakland, 60, 62
Bench, Johnny, 64
Berra, Yogi, 55, 59-61, 66, 98
Best Nine Award, 78
Betto, Kaoru, 79-81
Bithorn, Hiram, 8, 32
Bonds, Bobby, 87
Boyer, Clete, 44, 68, 80, 81, 97
Bravos de Atlanta, 7, 13, 36, 37, 39-51, 55, 56, 59, 64-66, 68, 93, 97
Bravos de Milwaukee, 32, 39, 40
Bravos de Richmond, 40-42
Busby, Jim, 45
Cachorros de Chicago, 8, 46, 63, 65

Campaneris, Bert, 61
Campbell, Dave, 65
Canel, Buck, 23, 36
Cardenales de St. Luis, 32, 46, 65, 66
Carrol, Clay, 45
Central Roig, 15, 90, 96
Centro Cardiovascular de Puerto Rico y el Caribbean, 11, 92
Cepeda, Orlando, 32, 54, 59
Clark, Glen, 55
Clemente, Roberto, 32, 54, 58, 59
Cox, Bobby, 42
Criollos de Caguas, 36, 44, 51, 63
Cuevas, Hiram, 35
De la Cruz, Gladys, 72, 73
Delgado, Félix, 33-35
Diablos Rojos del México, 82, 84
Didier, Bob, 46, 47
Dodgers de Brooklyn, 8
Dodgers de Los Angeles, 46, 64, 65
El Cerro del Calvario, 22, 90, 95
Equipo de Estrellas, 48-50, 53
Escuela Juan B. Huyke, 20
Espinosa, Nino, 55
Estadio Félix Millán, 9, 90
Expos de Montreal, 46
Filis de Filadelfia, 46
Flynn, Doug, 67
Fosse, Ray, 62

Francoeur, Jeff, 47
Frazier, Joe, 66
Garr, Ralph, 46, 47
Gehrig, Lou, 23, 24
Gigantes de San Francisco, 32, 40, 46, 49
Gigantes de Tokyo, 78
Gotay, Julio, 32
Grote, Jerry, 59
Guante de Oro, 48, 50, 72
Hamilton, Milo, 45
Harrelson, Bud, 59, 60
Harris, Luman, 41-44, 49, 50, 97
Harris, Willie, 49
Hernández, Rafael, 19
Hitchcock, Billy, 40-42
Hodges, Gil, 48
Hospital Presbiteriano, 71
House, Tom, 64
Iglesia Católica de Cristo Rey, 32
Jackson, Sonny, 44
Jarvis, Pat, 44
Johnson, Deron, 44
Johnson, Lyndon, 35
Jones, Andruw, 47
Jones, Cleon, 60
Kennedy, John, 35
Kiner, Ralph, 68
Kittle, Hub, 37, 38, 55
Kobayashi, Shigeru, 78
Kokatzu, Yoichi, 79
Koosman, Jerry, 59
Kranepool, Ed, 98
"Lamento Borincano," 19
Leonard, Laurence, 42

Liga Americana, 45, 48, 60
Liga Central de Japón, 68, 77, 78
Liga del Noroeste, 36
Liga de Texas, 37
Liga Internacional, 42
Liga Nacional, 7, 45, 46, 48-50, 59, 60, 62, 63, 65-67
Ligas Negras, 53
Liga del Pacífico, 77, 78
Liga Profesional de Béisbol de Puerto Rico, 36, 63
Lobos de Arecibo, 51
Locklear, Gene, 98
Lum, Mike, 44
Mantilla, Félix, 32, 39, 54
Mariola, Matt, 61
Marlins de Miami, 86
Martin, J.C., 64
Martinez, Ted, 64
Mathews, Eddie, 40, 50, 51
Matlack, Jon, 59
Matthews, Matilda, 25, 27
Mays, Willie, 49, 53, 59, 61
McMane, Fred, 67
McGraw, Tug, 59, 60, 98
McMillan, Roy, 61, 66
Medina, Antonio, 31
Mets de Nueva York, 7, 13, 46, 48, 50, 51, 55, 58-68, 85, 86, 93, 98
Milner, John, 59, 98
Minshew, Wayne, 41
Morales, Edgardo y Esperanza, 91
Morales, Jerry, 56, 63
Mudafort Sport Center, 25, 36

Murphy, Dale, 47
Niekro, Phil, 40
Oakland-Alameda County Coliseum, 60
Olmo, Luis, 8
Ordoñez, Rey, 86
Ortiz, Ivan "Ivy," 25, 56
Ortiz, Paulino, 19
Orioles de Baltimore, 48
Ott, Ed, 67
Padres de San Diego, 46, 56, 63, 98
Pagan, José, 32, 59
Paige, Satchel, 53
Panadería Ortíz, 16, 90
Parque Sixto Escobar, 8
Pequeña Liga Félix Millán, 67, 86
Perry, Gaylord, 46, 47
Pinto, Ricky, 56, 57
Piratas de Pittsburgh, 32, 46, 59, 67
Pizarro, Juan, 32
Richards, Paul, 42
Rivas, Steven, 91, 92
Rivera, Guadalupe, 21
Roberto Clemente Sports City, 86
Robinson, Jackie, 53
Rodriguez, Maneco, 24
Rodriguez, Manny, 68
Rodriguez-Vega, José, 11-13, 92
Rojos de Cincinnati, 44, 46, 60, 64, 66
Ronberg, Gary, 45
Rose, Pete, 44
Ruth, Babe, 49, 50, 64
Salón de la Fama, 68
Seaver, Tom, 48, 59, 66
Senadores de San Juan, 23
Senadores de Washington, 45, 46
Serie del Campeonato en la Liga Nacional, 48
Serie de Japón, 77
Serie Mundial, 7, 46, 48, 60-64
Serie Mundial del Caribe, 63
Shea Stadium, 62, 65, 68, 98
St. Lucie Legends, 87
Staub, Rusty, 59
Sugar Kings, 56
Sutton, Don, 65
Taiyo Whales (Ballenas) de Yokohama, 68, 77-82
Three Rivers Stadium, 67
Torre, Joe, 40, 44, 66
Trinta, Hector, 27
Universidad Adventista de las Antillas, 90
Ushigome, Tadahiro, 80, 81
Veras, Quilvio, 86
Woodward, Woody, 40, 44
Yankees de Nueva York, 23, 59
Yokohama BayStars, 68, 78

We invite you to view the complete
selection of titles we publish at:

www.AspectBooks.com

Scan with your mobile
device to go directly
to our website.

Please write or email us your praises, reactions, or
thoughts about this or any other book we publish at:

P.O. Box 954
Ringgold, GA 30736

info@AspectBooks.com

Aspect Books titles may be purchased in bulk for
educational, business, fund-raising, or sales promotional use.
For information, please e-mail:

BulkSales@AspectBooks.com

Finally, if you are interested in seeing
your own book in print, please contact us at:

publishing@AspectBooks.com

We would be happy to review your manuscript for free.

www.ingramcontent.com/pod-product-compliance
Lightning Source LLC
Chambersburg PA
CBHW070557160426
43199CB00014B/2538